U0944072

萧乾 主编

新编文史笔记丛书

第一辑

9

中州轶闻

任访秋题

◎河南省文史研究馆 编

●魏玉林 王华农 刘家骥 主编

中華書局

目录

政坛风云

名人轶事

艺文春秋

教育掠影

揽胜怀古

黄浪滔滔

地方风情

黎民灾难

社会百态

戏海寻踪

饮食风味

武坛精英

医林拾粹

中州特产

新编文史笔记丛书

序

萧　乾

读书界向来对野史有所偏爱。野史大多是信手拈来的历史片断,且往往出自亲历者之手。文直事核,不虚美,不隐恶,而文笔潇洒自如,意味隽永,自然朴实,篇幅不长;可以摊开来仔细咀嚼,也可供茶余酒后、行旅倥偬中,随手浏览。

鲁迅在《华盖集》中,曾几次对野史表示过好感。在《忽然想到》一文中写道:"历史上都写着中国的灵魂,指示着将来的命运,只因为涂饰太厚,废话太多,所以很不容易察出底细来。正如通过密叶投射在莓苔上面的月光,只看见点点碎影。但如看野史和杂记,可更容易了然了,因为他们究竟不必太摆史官的架子。”又在同书《这个与那个》一文中说:“野史和杂说自然也免不了有讹传,挟恩怨,但看往事却可以较分明,因为它究竟不像正史那样地装腔作势。”

全国文史研究馆所编的《新编文史笔记》丛书,内容也属野史杂说的范畴。我们希望这些以亲闻、亲见、亲历为主的轶事掌故、琐闻杂记,写人、事而摒除误会曲解,述历史而符合真实面目。

作为一种短隽有味,文字清奇而又雅俗共赏的文学体裁,笔记在中国具有悠久的传统。它始自魏晋,盛行于宋代。南朝刘义庆的《世说新语》,北宋沈括的《梦溪笔谈》,南宋陆游的《老学庵笔记》,明朝张岱的《陶庵梦忆》,清朝纪昀的《阅微草堂笔记》以及20世纪30年代初丰子恺的《缘缘堂随笔》,都是文学史上的奇葩。然而,近年来笔记乏人问津。因此,我们出这一套书,也包含着挽回颓势之意。

全国三十二所文史研究馆拥有雄厚的稿源,两千多位馆员和各馆联系的社会人士,都是丛书的撰稿人。他们都是文史界的耆宿,见多识广,阅历丰富:有的反对过帝制,有的在“五四”运动中扛过大旗,他们目睹过军阀的横行霸道,也经历过艰苦卓绝的八年抗战。这些历尽沧桑的饱学之士,他们的所见所闻,都是弥足珍贵的史料。

本丛书分辑出版，分别由各地文史研究馆编辑，内容亦以本乡本土为主。因此，各册势必具有浓厚的地方色彩。

本着笔记固有的传统，所收各文题材不嫌庞杂。举凡与文史有关的政治、经济、军事、文化、社会等方面，或记闻见杂事，或叙往昔交游，或忆社会百态，均在搜罗之列。时间跨度则自清末以迄1949年为止。这正是中华民族从闭关自守到走向世界，从落后羸弱到奋发图强，是天翻地覆、风起云涌的大半个世纪。其间，发生过多少可歌可泣的事迹，涌现过多少杰出的人物。以这一时间跨度为背景题材写出的笔记作品，必然是内容最为丰厚的。

在选稿标准上，我们坚持史料一定要真，内容要新；既要防止以讹传讹，也力避炒冷饭。在写法上务求短小精悍、生动活泼。每篇以千字为度，希望借此在文风方面，提倡一下简约。在版式上，则想做到既利于阅读，又便于携带。

恳切希望文史界方家及广大读者，不吝赐正。

辛亥起义在河南

刘家骥

辛亥年(1911)武昌起义爆发后,同年夏自日本回来的张钟端,奉命从武昌回开封。他被公推为总司令,与同盟会河南分部的刘积学、周维屏、王从周等计议,决定于12月22日起义。参与其事者还有刘镇华、齐真如等。不料事机不密,设在优级师范的司令部被巡防统领派兵围攻,二十余人被捕。12月24日,张钟端、王天杰、刘风楼、李干公、张得成等十一人分别就义。行刑之际,风雪怒号,天昏地暗,市民莫不为之哀惋。时张年不过三十三岁,诚堪痛惜!

为缅怀革命先烈，1935 年由河南省政府主持，将十一位烈士遗骨迁葬于开封南关，拨地十二亩，修建河南辛亥革命十一烈士墓。解放后，吴芝圃当省长时，因墓地在交通要道处，乃改迁于禹王台公园内。

“五四”时期河南二女将

张保真

1919 年北京爆发的“五四”运动，迅速波及全国。一批觉醒了的河南妇女，也勇敢地展开了反帝反封建斗争，其“爱国热心，百折不回，大有白刃可蹈，国不可不爱之概”(北京《晨报》，1919 年 6 月 13 日)。在这场轰轰烈烈的运动中，有两位河南女战将，以她们的英勇机智和顽强精神，赢得了省会人民的赞颂，在河南妇女运动史上，谱写了光辉的篇章。她们就是当时在开封女子师范学校就读的周勤学(字筱沛，修武县周庄人，时年十九岁)和张孟钦(字素昭，修武县张延陵村人，时年二十六岁)。

民国初年，河南处在北洋军阀赵倜统治之下。当 5 月 4 日北京学运的消息传到开封后，学生首先响应。据上海《民国日报》1919 年 6 月 8 日记载：“开封学生此次爱国之表示，以女子师范及农校为最坚决而果毅。”而周筱沛当时正是开封女师的学生会主席，是这场运动的直接领导者之一。5月9日，开封女界千余人在女师召开国耻大会，吹响了开封人民爱国反帝的号角，社会舆论称赞这些女学生为“巾帼英雄，不让须眉”。在她们的影响下，各中等学校纷纷集会、游行，高呼“外争国权，内惩国贼”、“还我青岛”等口号。

5月13日，开封各校代表集会，成立了省会学生联合会，周筱沛当选为联合会委员。该会议决，5月30日全市中等以上学校一律罢课，致电北京政府，提出惩办曹汝霖、陆宗舆、章宗祥等卖国贼；电令巴黎和会中国代表勿签和约；允许学生言论自由等六项要求。但由于赵倜派军警围困各校，30日未能实现罢课，法政学校部分学生产生了动摇。面对这种情况，周筱沛用《三国演义》中诸葛亮送巾帼及妇人缟素之服羞激司马懿的故事，和几个女同学翻箱倒柜，找出几条红裙子，派人送给这些男生，并附信加以嘲弄。男生感到羞愧，这才决心和女子齐头并进。在女师的激励鼓动下，5月31日全市举行了总罢课。

反对日货，是“五四”的重要内容之一。1919年9月21日，开封学商两界所组织之河南国货维持会，约请各界人士在马道街丰乐园举行成立大会，张孟钦在会上发表演说，痛斥帝国主义列强对中国的欺侮和宰割，号召人民抵制日货，挽救危亡；激昂慷慨，语极沉痛。大会制定了《河南国货维持会简章》，以推动全省抵制日货运动。

“五四”运动还促进了河南妇女的觉醒，各级女子学校如雨后春笋出现。张孟钦于1920年开封女师毕业后，辞退了待遇优厚的教职，毅然返回故乡，克服重重困难，创办了修武女子小学，成为修武女子教育的奠基人。嗣后，周筱沛也在开封创办了私立任时女子中学，并在办学中掩护过中共地下工作人员吴芝圃等。新中国成立后，周筱沛曾任河南省妇联副主任。

李大钊三临洛阳

刘梦成

李大钊同志在负责中共北方区委工作时，曾三临洛阳，给洛阳地区播送了革命火种。

第一次来洛在 1922 年 7 月，当时直系军阀吴佩孚正盘踞洛阳，遥控着北京政府，并野心勃勃，幻想以武力统一中国。李利用吴想拉拢工会的心理，通过自己的同学白坚武(吴的政务科长)的关系，在西工会见了吴佩孚。通过谈判，促使吴发表了所谓“四大政治主张”之一“保护劳工”的通电，为洛阳等地的工人运动取得了部分的合法权利。他还建议吴亲派交通总长高恩洪在北方各条铁路线上设密查人员，发现劣迹者即予革除，吴接受了这项建议，这对加强铁路上的革命力量及开展工人运动也颇有裨益。

1922 年 8 月，李大钊陪同苏俄代表越飞与孙中山会晤后第二次来洛。这次是代表国共两党与吴佩孚会谈，意在沟通南北方的情况，结束割据与内战，争取全国统一。但吴不在洛阳，李乃匆匆返回北京。

同年10月，李陪同孙中山的代表张继、王励斋第三次专程来洛，主要还是争取吴佩孚暂时同情革命。因吴又不在洛，李大钊等由吴之参谋长李倬章陪同游览了关林、龙门、香山寺等名胜古迹后，于11日返京。

洛阳王吴佩孚

刘东周

1920年，直系军阀曹锟、吴佩孚战败皖系军阀段祺瑞后，华北各省成了曹、吴势力范围。他们控制了北京政府。同年9月，吴佩孚以直、鲁、豫巡阅副使身份，率领陆军第三师进驻洛阳西工兵营，成了显赫一时的“洛阳王”。

吴怀着“雄踞洛阳，统治四方”的野心，大规模扩建兵营。他让当时省农专校长常志箴负责绿化西工，大量栽植杨、榆、柳、槐等树，按当时中国人口数，育树苗四亿株之多。营房由原来的五千余间，扩大到一万二千余间；在扩建营房时还修了灰石马路，直通金谷园车站。吴又在住宅区——公馆街扩建房院一百余所，各院按《千字文》的天、地、玄、黄……顺序编号，吴本人住

"天"字第一号院内。吴还在东下池村北崖筑窑洞一千余孔,为幼年学兵宿舍。在洛河上修筑了"新天津桥"。

吴在洛阳直接控制着河北、山东、河南、湖北、湖南五省,并遥控着北京曹锟政府。一时之间,洛阳显赫,冠盖云集。1923 年吴又兴建了一座西式瓦楼房,命名为"继光楼",陈设豪华,用以招待中外贵宾。何以命名为"继光楼"?因明代抗倭英雄戚继光是吴的同乡(山东蓬莱),吴景慕其人,乃以名楼。在继光楼下面开辟一宽敞地下宫,请康有为书写"广寒"二字,作召开重要会议处所。阅兵台和继光楼紧紧相连,而且有门相通。阅兵台上额有康有为书写"继光"大匾一块,所以也称"继光台"。继光楼、阅兵台、广寒宫三者浑然一体,规模宏伟,蔚为壮观。

1923 年 2 月, 吴佩孚在西工指挥镇压了京汉铁路"二七"大罢工,杀害了工人运动领袖林祥谦及工会法律顾问施洋,封闭了京汉铁路工会。

同年 4 月,曹锟以贿赂手段当选为大总统,吴佩孚的西工巡阅使署,实际成了北洋军阀的"太上政府"。所以当吴在洛举行声势显赫的五秩大庆时,各省督军、师、旅将领及各国驻京使馆武官都云集洛阳,清废帝宣统也派其摄政王赶来祝贺。康有为的寿联,更把吴捧到了天上。寿联是:

牧野鹰扬,百岁功勋才一半,
洛阳虎视,八方风雨会中州。

1924 年秋,直奉二次大战,直系全军溃败,吴乃被迫逃离洛阳。吴在洛四年三个月,发行了大量“河南省银行”、“直、鲁、豫、鄂、湘五省银行”、“豫泉官钱局”等钞票，逃走后，尽成废纸，致使许多商店倒闭，不少人家破产。

郑州的第一面党旗

李平一

1927年蒋介石发动“四一二”反革命政变后，中国共产党举行了“八七”紧急会议，号召全国用革命的武装斗争来打败反革命的武装进攻。因此，在中共河南省委直接领导下，郑州、荥阳、密县三县成立了特别支部委员会，我任特支书记。

特支组织密县火石岗煤矿工人、荥阳贾峪石灰窑工人、郑州豫丰纱厂纺织工人和一部分贫农，准备首先向郑州以西的敌区公署所在地杨寨发动袭击。同时还挑选娥妮、花妮、金妹子三个农村姑娘(她们最大的十九岁，最小的才十五岁)，在红布上照画好的镰刀铁锤图样绣一面红旗。她们在破旧的窑洞中，围绕着一盏昏暗的大麻子油灯，认真地穿针引线。她们虽然也感到这事有些不寻常，但却没有意识到她们的小小银针竟和一场革命行动联系在一起。

1928年4月14日午夜，我们举起这面党旗，率领暴动队伍一举攻占了敌区署。惩罚了当

地罪大恶极的土豪劣绅和税务局长，向饥饿的农民散发了库存的粮食，并以中国共产党的名义正式张贴“布告”，显示了工农群众的巨大威力，震慑了敌胆。

解放后，在当年的起义地点杨寨竖立起一座纪念碑，碑上镌刻着龙飞凤舞的四个大字：星火燎原。

蒋介石收买韩复榘

李平一

1929年春，桂系李宗仁、白崇禧与蒋介石之间矛盾激化，酝酿战争。李、白密派代表温乔生到辉县百泉见冯玉祥求援。冯表示两星期后，方能出兵援助。温去后，冯即密令韩复榘率本部人马进驻信阳，暗中准备十个师的兵力归韩指挥，摆出向湖北进攻的架势，引弓不发。冯的本意，在乘蒋桂战事胶着、两败俱伤之际，以大军攻占武汉，控制湖北，使豫鄂两省地盘连成一气，从而坐收渔人之利。4月1日韩复榘夺取武胜关，正欲挥兵南下，不料桂系将领李明瑞突然倒戈拥蒋，桂军迅即瓦解，退回广西。蒋介石于4月5日飞抵武汉，乘势邀韩到汉口一晤。蒋与宋美龄对韩复榘之到来特别热情，蒋言必称“向方兄”，宋则誉之为“常胜将军”。携手拍肩，礼盛宴丰，极尽拉拢之能事。韩盘桓数日，不觉意动而神摇，于14日离汉。临行话别，蒋故作庄敬态，手捧一精雕之楠木盒子，上刻“总理遗教”四个字，蒋说：“向方兄劳苦功高，无以为酬，这是《总理遗教》一部，希回去朝夕研读，作一个总理的忠实信徒，报效党国，中正有厚望焉。”蒋并派贺耀祖随韩往信阳劳军。韩返信阳后，即将此一楠木盒子随手交与心腹刘某，并不在意。刘某回内室打开一看，不禁大吃一惊，原来盒子内《三民主义》一书中夹着中国银行的两张存款支票，每张银洋二百万元。刘某慌忙将盒子封好，原物送呈韩复榘，说：“这是蒋总司令送给主席的，主席还是自己保存吧。”

1929年5月22日，韩复榘通电叛冯投蒋。蒋闻之大喜，对侍从室的亲信说：“我拿四十个师不见得能打败冯玉祥，现在我的一个木盒子就胜过四十个师的力量。兵法云：‘不战而屈人之兵’，就是这个道理。”

范绍曾(起义将领，原为川军)与蒋介石的侍从室人员过从甚密，解放后为余道此事经过甚详。

蒋介石督战商丘

郝心佛 口述　李汉儒 整理

1930年，冯玉祥联合阎锡山反蒋，史称蒋阎冯中原大战，主要战场在商丘。

当时，蒋介石委任张钫为代理河南省主席，驻商丘；冯玉祥委任万选才为河南省主席，驻焦作。两军对峙，在商丘展开了激战。冯部郑大章带一师骑兵，从西往东打到商丘朱集（今商丘市），占领了火车站和飞机场，攻势甚猛。蒋军节节败退。因天降大雨，郑才停止进攻。

蒋介石为了打赢这场战争，亲自到商丘前线指挥。当郑大章师攻占飞机场时，蒋正隐蔽在火车站北边的树林里。郑若得知蒋的去向，定会冒雨强攻。第二天，蒋方开来两个师，才得以转危为安。

杨虎城南阳除恶棍

秦 俊 杨殿忠

1929年9月，国民革命军新编十四师杨虎城部进驻南阳。国民党当局为监视杨的行动，特派黄埔军校第四期毕业的耿纯任南阳县公安局长。

南阳城南三十里屯是个繁华集镇，水旱码头，耿纯派他的亲信胡正元出任该镇公安分局长。

胡到任后设关立卡，对过路行商和小商小贩敲诈钱财，向当地群众派捐加税，其中有按户加派“护青捐”一项。

群众奋起反抗，赶走了胡正元。耿纯率部抓走了带头反抗的秦同善(共产党员)和阎进然。在中共地下党领导下，由数百人组成一支请愿队，押着胡正元和他的爪牙，浩浩荡荡开向南阳城。耿纯率领四十余名武装分子打散了请愿队伍，劫走了胡正元及其爪牙，还绑走十九名请愿人员。中共地下党组织当机立断，发动南阳城的学生、工人、市民声援三十里屯农民的抗暴斗争，同时组织三十里屯的老人、小孩和妇女进城声援。

这两支队伍共上万人，他们会师宛中操场，控诉耿、胡罪行。高呼“严惩耿纯、胡正元！”、“释放无罪百姓”等口号游行示威，直逼县衙。斗争一直持续到第二天黎明，国民党南阳县政府被迫逮捕了耿、胡二人，释放了被捕的请愿群众。当三十里屯村民看到获释的亲人被打得遍体鳞伤时，要求严惩凶手的呼声疾如震雷。南阳县长米暂沉(此人同情革命)恳请杨虎城将军出面裁断。在此之前，杨已通过地下党了解到事情的来龙去脉。他几经思虑，终于在事件发生后的第三天下午，将耿、胡枪毙于南阳城西门外。这样既平息了民愤，又拔掉了蒋介石安插在自己身边的“钉子”。

樊钟秀之死

李彬凯

樊钟秀，河南宝丰县大营村人，排行第二，故人称樊老二。年轻时随全家逃荒到陕北洛川，后起兵反抗官匪，率部加入靖国军，辗转河南、江西，统辖数万之众。后奉吴佩孚命进入广东北江，在那里接受孙中山指挥，驰援广州，击退陈炯明军，被孙中山委任为建国豫军总司令。1924年10月，樊随谭延闿参加北伐失败，次年初率部攻入河南鲁山、宝丰、郏县一带，配合国民二军进攻洛阳，并攻入山西辽州。1930年助阎锡山、冯玉祥倒蒋，编为第八方面军进驻许昌。

是年5月25日上午，天气晴朗。许昌城关人来人往。樊带了十几名卫士，在南门内外巡视。来到学巷街南口时，忽然从东南方向飞来一架轰炸机，上有青天白日国徽。飞机在空中盘旋几周，而后低空俯冲，投下一颗小型炸弹，但未伤人，掉到了护城河里。这时，樊的随从人员惊慌地说："总司令，飞机投弹了，咱们进洞去避一避吧!"樊说："你们真他妈的胆小鬼，空中老鸹满天飞，你看见屙到谁身上啦，一架飞机有什么可怕！"话刚落音，飞机又投下第二颗炸弹，恰巧落在樊的身边，他立时中弹，倒于血泊之中。人们连忙将他抬至城隍庙西隔壁周南金医院抢救，然因伤势过重，流血过多，医治无效，当晚绝命，时年四十五岁。

吉鸿昌抗洪

戴金瑛

1931年夏，潢川县遇到历史上罕见的洪水。潢河两岸，县城周围，一片汪洋。镇潢桥被淹，地势低洼的南城更是危在旦夕。驻在潢川的二十二路军总指挥吉鸿昌挺身而出，告慰民众说："有我吉鸿昌在，潢川城就不会被淹没。"这时暴雨倾注，勤务兵送来雨伞，他也不用，不时观察水位变化，督促部下堵缺排险，修堤筑坝，像铁塔一样泰然自若，终于保住了南城万余人的生命财产。城外许多群众被洪水围困，吉鸿昌又指挥部队驾船泅水抢救，安全转移，并发给干粮充饥。洪水过后，吉又率部帮助灾民搭草庵、修房子二百多间，仅在沿河的龙门外，就盖起房屋四十多间。有首歌谣赞曰："吉鸿昌，是好将，抗洪抢险降龙王。救俺贫民出水窝，又盖房子又送粮。"

国民政府迁洛琐记

刘梦成

1932年1月28日,日军入侵上海的炮声,吓慌了南京国民政府大员,各院部匆匆迁洛阳,定洛阳为行都。由于各院部大批人员一拥而至,房舍大成问题,只能暂假城关较大机关、学校、庙宇作办公处所。国民政府驻城内东华街原福王府(现青年宫),临时以金色“国民政府”四字嵌于门首。中央党部驻西工原吴佩孚之巡阅使署;军事委员会驻城内第四师范学校(现市一中);考试院驻周公庙;行政院驻城内河洛图书馆;监察院驻南关贴廓巷庄姓大宅;司法院驻城内地方法院(军阀张敬尧公馆);国府主席林森住吴佩孚“天”字第一号院内。所以当时任西工警察所所长的董某曾对友人戏言:“别看老夫官职小,宛平县里管朝廷。”

洛阳原有商办照临电灯公司一所,因吴佩孚垮台而迁移,入夜多挂起洛阳自造的红纱灯照明。堂堂国家行都,竟无照明用电,说来实在难堪!汽车亦不敷应用,地方政府将人力车分组编队,派赴各部服务。

3月初,洛阳各校学生激于爱国热情,结队到西工中央党部请愿,要求抗日。秘书长叶楚伧出面接见,他安慰大家说:“抗日事关重大,政府正研究对策,大家要安心学业……”学生极为不满,在高呼口号声中,叶乘隙溜走了。同月,国民政府在洛召开了“国难会议”,参加者除党政军首脑人物外,还有革命元勋后裔及社会贤达。谁知会议通过的竟是一对日妥协、全力“剿共”的先安内后攘外的错误方案!

5月,“上海停战协定”签订,国民政府还都南京。离洛前,开了最后一次中常会,对行都建设作出决议:(一)筹办洛阳电厂;(二)设立中央军校洛阳分校;(三)设立中原社会教育馆(地址周公庙);(四)修建洛河、伊河大桥(伊河桥命名中正桥,洛河桥命名林森桥)。

吴芝圃智脱虎口

刘　溶

1934年秋末冬初的一天上午,汲县豫北中学文史教员吴念庵(吴芝圃的化名)先生,给我们二年级学生讲授林觉民的《绝笔书》。我们正听得津津有味,他忽然捂住额头说:“同学们,对不起!我的老毛病头晕症又犯啦,改天再来上课吧。”说罢,拿起课本匆匆离开了教室。

当天下午,教务主任潘在民嘱我(我是学习班长)去看望吴老师。到了他的寓所,见他正忙着整理什物。我表示要给他请医生诊病,他的夫人

抱着幼女站起来说："吴老师有头晕病，一犯就是三四天。不过不碍事，过两天就能去上课，谢谢同学!"吴老师也露出抱歉的神情说："谢谢!谢谢!耽搁的课，三两天后病好了就补，请你回去吧!"

翌日上午，我和另一位同学又去看他时，只见他的房门锁着。房东老太太说："吴先生说是要回老家看病的，昨儿晚上就同太太、小妞一同走啦。"

过了三天，一群持枪背刀的大兵包围了学校，吆五喝六地在校园里到处搜查，声称要抓共产党赤色分子。一直闹腾了一夜，临明才悻悻然地撤离了。

1953年春，已担任省人民政府主席的吴芝圃，到河南大学视察，在嵇文甫校长的住所约见了我。当谈及那次"头晕"病时，他笑着说："那天，我正在给你们上课，忽然瞥见门外有一位地下工作人员向我示意——有情况！我是借口'头晕'才躲过那次灾难的。"

如此"国大代"选举

王华农

民国二十五年(1936)，为实现蒋介石的总统梦，南京政府下令，各省成立国民代表大会代表选举事务所。河南的选举事务所，由民政厅长李培基兼任所长。

这场选举，关系到国民党内部两大实力派——CC系与复兴社之消长兴衰。两派旗鼓相当，壁垒分明，均想在较量中占上风。于是，一场明争暗斗便匆匆开场了。

当时河南省军政大权操在豫皖绥靖主任刘峙之手，复兴社仗其人多势众，后台强硬，急欲在全省包办选举。在刘峙指使下，先由省政府通令各专区举办师资训练所，学员由各县保送，毕业后分派各县，担任乡长或联保主任兼完全小学校长，主管基层选举事宜。师训所的教官，全为复兴社分子，所有受训人员也均被秘密吸收入社。

CC系虽然在河南发展较早，但因分裂为李敬斋、陈泮岭两大派，力量大为削弱。为此，CC系与复兴社协商，想平分秋色。即由刘峙和方觉慧(国民党河南省党部特派员)、萧洒(省保安处副处长，河南复兴分社头头)军、党、政三方议订出统一名单，然后派员以豫皖绥靖公署党政视察员名义，分赴各专区"监督"，确保此名单之实现。后来CC系暗中捣鬼，为复兴社侦知，复兴社便私自拟定另一名单，报请刘峙分发到各专区。选举揭晓，全省国大代表六十六人，复兴社独占六十人之多。CC系大哗，将情况上报南京CC头子陈立夫，由陈在蒋介石面前告了"御状"。蒋遂电令河南党政军三巨头方觉慧、商震(省主席)、刘峙：定要照顾各方，重新分配名额，并将情况先报请蒋核准，然后根据统一名单选举，不得有违。命令一下，各派俯首，一场闹剧，偃旗息鼓，河南"国大代"就这样选举出来了。

违令拒炸黄河大桥

庞庆振[①]

1947年我任国民党四十军一〇六师三一六团团长，奉命驻防郑州黄河大桥北岸。一天，陆军总司令顾祝同来电说："迅速炸毁黄河大桥，以防为共军所利用。"

我接到命令后，思想斗争激烈：抗战刚结束，内战又起。国民党军屡战屡败，共产党部队已开始南下，渡黄河如履平地，天险不险，我们岂能阻挡？要炸毁黄河大桥，在军事上究竟有什么意义？为建这座桥，国家花了很多钱。大桥连通黄河两岸，是发展国计民生所不可少的交通枢纽，如果毁于我手，我将成为千古罪人。

回到驻地，我立即找炮兵连长宋春杰，同他共同研究保护大桥的"炸桥方案"，并命令他亲自执行。宋春杰按照我的指示，命士兵把黄色炸药放在桥上，却卸除了雷管；又在附近布下很多地雷，严密封锁。一声令下，附近地雷爆炸声起，火光冲天。桥上因无雷管引爆，大桥得以保存。当时队伍忙于北撤逃命，也无人追究大桥爆炸情况。起义后宋春杰连长受到解放军的表扬。

---

① 作者是国民党将领庞炳勋之子，1948年在新乡起义。

立法委员选举一例

王文耕

1947 年，国民党政府在各省进行立法委员选举。河南的选举事务所，由省府民政厅长张辛南兼任所长。洛阳专区根据人口数应选三人，竞选者八仙过海，各显其能。临汝县人口二十一万，为竞选者争夺重点之一。该县县长殷法祥，受省主席刘茂恩嘱咐，本应设法选上马某某。但因殷与另一竞选者蔡芷生私交甚笃，竟暗施手段，选了蔡芷生。及选票箱送至省城，张辛南发现所选并非马某某后，忙向刘茂恩报告请示。刘勃然大怒，一面命张辛南将临汝县送来的选票全部作废，换成写上马某某的选票；一面将县长殷法祥撤职。蔡芷生现任河南省政府参事室参事，此事系他亲口向笔者谈及。

省参议会反刘茂恩

杨松如

1947 年，在河南省参议会一次全体会议上，部分参议员提出彻查河南省政府主席刘茂恩劣迹的提案。参议员王友梅态度坚决，言词激烈，在大会上作重点发言。这一下可捅了马蜂窝。在参议员中形成两派，一派赞成，一派反对，双方互相攻击，吵吵闹闹，甚至拍桌子打板凳，不可开交。因参议会是所谓民意机关，开会期间，政府某些负责人须列席听取意见，报告工作。刘茂恩听到此事，甚为烦恼，丢下工作，跑回巩县老家躲了起来，形成省政府无人主持的局面。议长刘积学等，为打破僵局，研究决定派副议长张鸿烈等组成一个代表团，到巩县见刘茂恩，解释误会，劝请回省。刘见有台阶可下，也就答应了。参议会继续开会，刘茂恩作冠冕堂皇的发言，其中有"我要视王老(指王友梅)为畏友"之类的话。问题从此不了了之。

慈禧回銮过郑记闻

时从周

清光绪二十六年 (1900)，八国联军攻入北京。慈禧太后那拉氏与光绪帝载湉携后妃、王公、大臣及总管太监李莲英等仓皇逃往长安。翌年辛丑和约议成，太后与帝于八月启程回銮，九月下旬抵郑，驻跸州衙中。全城“鸡上笼、狗上绳”，保持安静，不得惊扰。知州李元桢，早已征发民工整修道路，使之宽三丈、高一尺，上铺黄沙，称为“叠路”。距城二十里搭建彩篷，以供侍从人员休息。我外祖父姚辅清，家住城东二十里铺，曾谓：当时该村之彩篷，布置华丽，并设备器物，选派侍女支应“皇差”。十月初一日上午，车驾自州衙出，武将宋庆，骑马率马队为先导，继为侍从官员，簇拥许多车轿，太后及帝所乘为八抬黄色御轿，左右四人挽纤，后有某王爷(或谓为帝弟)亦坐黄轿，只无挽纤者，黄轿之后还有许多红轿、蓝轿及以李莲英为首的车队。所载妇女，服饰各异。自县城至中牟县界，数十里间，老少乡民，夹道看“过朝廷”。车驾将到，侍卫人员令百姓肃立，不许作声和乱动，只闻车轮、马蹄、步行之声。惟一些帽缀锡雀顶子、身穿蓝衫的廪生、秀才，可在轿前抢上一步下跪叩头，俟车驾过后，即自行起立，侍从对此视若无睹，这些腐儒却自以为荣。轿门虽敞开，而百姓都俯首迎送，不敢抬头。有大胆偷觑者，见帝黄瘦抑郁，倚背而坐；武将宋庆长面白须；马大人(可能是马玉昆，或是马三元)十分威武。有少数举人、秀才贡献礼品，须经总管太监审视，多数拒收退还。路旁侍卫每行百步许，撒些特制的银质薄片，俗称“银叶子”，上刻图案，每片可值铜钱十数文，百姓争拾，以为得者可以增福延寿。知州李元桢为办皇差，谨慎供奉，不敢稍懈。启跸之日，步行随侍御轿左右，直至跪送车驾离境，竟不能起。连称：“老佛爷平安过了圃田(郑州东郊)，我辈有命矣。”经人扶起，又不能行，乃雇一手推车送至东门，再由衙轿接回寓所。数日后出堂理事，须发见白，其精神之紧张，张罗之劳累，可以想见。

慈禧在郑时，郑州城隍庙正在修葺，乃为该庙书一“寿”字。后经泐石，立于前殿东南隅。

慈禧回銮途中遇阻

胡禹山

1901 年,在签订丧权辱国的辛丑条约后,慈禧与光绪帝、后等离开长安返回北京。一路上,内大臣率领侍卫前导,两旁军队站道,旌旗蔽日,黄土铺道,浩浩荡荡,一切无异于太平盛世。慈禧在开封停留十余日,张灯结彩,大搞祝寿活动,地方官员争相报效,又极尽奢华糜费之能事。由开封渡河到卫辉,行宫设在卫辉城内中央的知府衙门内。孰料銮驾自南门入城,一法国天主堂神父竟搬出一把大椅子,面南而坐,挡住进路。随从文武大臣慑于外国人的势力,竟无人敢与交涉。慈禧心有余悸,也顾不了皇家威严,不得不下令从南门退出,改由西门进城。这件事,清代官方文书无记载,但在当地老人中至今仍有流传者,特记之于此。一尊一卑,一荣一辱,相比竟如此明显,令人不胜感慨。

毛泽东游汉魏许都故城

孔子静

1918年夏，毛泽东、罗仲言(即罗章龙)、陈绍廉等十数人，从湖南长沙前往北平。因河南境内大雨冲坏铁路路基，他们就在漯河、许昌两地稍作停留。

在许昌期间，毛泽东兴致勃勃地游览了市容，观赏了护城河内盛开的荷花，还和罗、陈二人一起往返步行六十余华里，专程游访了汉魏许都故城遗址(今许昌县张潘乡古城村一带)。故城宫室虽早已荡然无存，但内外城垣依稀可辨，昔日汉献帝刘协祭祀天地的毓秀台废墟巍然屹立。他们在台上举目四眺，怀古抚今，感慨激奋，情不能已，乘兴口吟《过魏都》联句云：

横槊赋诗意飞扬，
自明本志好文章。
萧条异代西田墓，
铜雀荒邱落夕阳。

“二梅”连结中日情

孔子静

河南辛亥革命烈士张钟端，留学日本期间与日籍学医的千装伦子结成伉俪。1911年夏，钟端在东京中央大学法律系毕业，受同盟会总部派遣，回国参加起义。时千装伦子已怀孕数月，为了革命大业，夫妻二人毅然惜别。

钟端归国后，以鄂臬幕僚作掩护，往来于汉、宁、沪间，进行革命活动。金秋季节，接千装伦子电报，内称：她于10月10日在东京孪生二子，母子均安全无恙，特嘱钟端为孩子起个中国名字。事有凑巧，恰在10月10日夜里，钟端梦见两支梅花迎风怒放。因此，他就给长子取名“梦梅”(后又名秉清)，次子取名“兆梅”(后又名志冷)。

武昌发难后，各省纷纷响应，河南却不见动静。钟端受组织委派回开封发动起义，并被推举为起义军总司令。临举事前，为叛徒告密被捕，英勇不屈，壮烈牺牲。民国成立，省政府定钟端为河南辛亥革命十一烈士之首，拨款抚恤烈士后裔，并派陈伯昂和烈士之弟张钟灵赴日本，将千装伦子与“二梅”接回许昌县长村张氏老家。千装伦子因不服水土，生活上又诸多不便，在此居留两个月，洒泪回归本土。“二梅”由其祖母和

大母细心照料，抚育成人，后均大学毕业，从事教育工作，卓有成绩。

千装伦子归日后，时刻挂怀两个亲生儿子，经常来函询问家庭及“二梅”情况，还寄来画报、书籍、玩具、衣物等。“二梅”粗通文墨后，常给母亲写信，问寒问暖，宽慰母怀，并打算到日本读大学。嗣因抗日战争爆发，双方音讯中断。1944年5月许昌被日军占领后，千装伦子之弟曾西渡大洋来许昌看望“二梅”。新中国成立，双方音讯复又中断。中日正式建交后，梦梅即寄信东京与母亲联系，可能是千装伦子移居他地或已不在人世，故一直未获回音，而梦梅及其子孙们，却仍深深怀念着这位遭遇不幸的异国亲人。

吴佩孚自挽联

昌纪学

吴佩孚因汀泗桥一战大败于北伐军，被迫下野，闲居北平，一度大病缠身，自度必卒，乃自作挽联一幅：

得意时，清白乃心；不纳妾，不积金钱，饮酒赋诗，犹是书生本色。

失败后，倔强到底；不出洋，不走租界，灌园怡性，真个解甲归田。

冯玉祥给吴佩孚贺寿

刘东周

1923年,吴佩孚在洛阳庆祝五十大寿,冠盖云集,盛极一时。正当各省督军、大小军阀和地方权贵纷献厚礼之际,冯玉祥将军送来了一个精美的瓷坛,用大红纸封了坛口,并写金色大字“献给吴玉帅,敬贺五十大寿”(吴号子玉),下署“冯玉祥拜贺”。人们猜想这大概是一坛琼浆玉液,吴佩孚也感到高兴。为了显示一向耿直的冯玉祥给他送来的这份寿礼,特请来宾品尝。当大家举杯入口时,都面面相觑,顿时出现了冷场,吴佩孚的脸也红一阵白一阵,显得十分难堪,因为这完全是一坛清水。吴越想越不是滋味,怒不可遏地将桌子一拍说:“这个冯玉祥太不识时务,什么好酒?竟是一坛凉水!”

正当吴大帅发火时,康有为打圆场说:“玉帅,不必动怒,冯将军送这坛清水,是极有道理的。这有一个典故,出自《庄子·山木》:‘君子之交淡若水’。冯将军送这坛清水的真意,是说玉帅高雅纯洁,官清如水,我看这是最珍贵的一份寿礼。”吴听后,只好趁梯下台说:“错怪!错怪!焕章(冯号焕章)深知我也!”冯所送寿礼是否有讽喻之意?我看康有为也未必说得清楚。

我谢绝了胡适的赐予

王瘦梅

30年代，我在北京曾多次听胡适讲课。因为投稿关系，我还和他有过一次交往。我因家庭贫困，上不起学，常常靠写点小稿得几个钱维持生活。那时北京报纸不多，一个无名小卒想在报屁股上捞点稿费，并不容易。听人说，胡适爱护青年、关心青年的成长。他以北大文学院长身份主编的《独立评论》，有时也登载少许文艺小品。为此，我寄去一篇稿子，并附一封短信给胡适说明我的处境，希望他把我的文章修改一下，予以发表。信发出后的第三天晚上，我外出归来之后，房东太太告诉我："有一位住在米粮库的胡先生坐着汽车来看你(当时北大除蒋梦麟校长有汽车外，教授中只胡适一人有汽车)，我说你不在家，他就走了。不久他又打发听差送来一封信。"说着她把信交给我。我打开信，首先看到两张五元钞票。信上说："来信和稿子都收到了。稿子不合本刊要求，确难发表，原稿退还。出于同情心，附送法币十元，暂维生活。"读完信，我好像挨了一闷棍。我只是在写作上求他予以帮助，并非向他乞怜，我决计把钱还给他。

第二天一早我就写好一封信，把钱装进去，亲自到米粮库二号胡适公馆送钱。按电铃，在红漆大门开启处出现了胡适的小脚太太。我只好请她把信和钱交给胡先生。她说：“胡先生不在家。信留下，钱还是请你带去。他既然送给你，退回来不好。”我说：“却之不恭，受之有愧，我需要的不是钱。”说完道了声“回见！”就转身走了。

讲台上的胡适

王瘦梅

1934年前后，胡适担任北京大学文学院院长，并教《中国小说史》。每逢他讲课，教室总设在二院大礼堂。听课的人不仅有北大国文系的学生，也有外系外校的学生，甚至还有慕名而来的外国驻北平领事馆的外交人员及其亲属。我当时是个搞文艺创作的青年，也常去听他的课。那时没有扩音器，大家为了抢个好座位，常常发生争执。一次，一个名叫乌萨柏拉图的蒙古旁听生和一个黄发碧眼的法国少女，为争第一排中间靠讲台最近的座位，发生了争执，甚至推推搡搡，墨水瓶也推倒了。正在这时，讲台后面的小门突然打开，架着金丝腿眼镜、神态潇洒的胡适博士走上了讲台。他从容不迫地把皮包往讲桌上一放，摘下礼帽，用满含欣慰的眼光望了一下

台下听众。当他看到那两个青年仍相持不下的时候，微笑着连连向他们点头说："谢谢！谢谢！"他们这才不好意思地相对一笑，各自坐下。

胡适稍停了几秒钟，等礼堂内都静下来，把视线和注意力都集中到他身上的时候，才用流利的普通话讲起课来。

在这一堂课里，有一段话我至今记忆犹新。这段话的大意是说，他有次在研究某一问题时，开始并不敢相信自己的论断是正确的，后来他发现美国一位极有权威的汉学家高佩汉在和他同一个时间，用同一的方法，研究同一个问题，最后得出同一的结论时，这才对自己的论断深信不疑了。他那种拐弯抹角，自我标榜及推崇洋人的神态，给我留下了很深的印象。

胡适挽刘半农联

王瘦梅

1934年7月14日，刘半农逝世。追悼会在北大二院礼堂举行，"五四"新文化运动的著名人物胡适、周作人、钱玄同、马裕藻等都参加了。

会场内外挂满了名流学者送的挽联，独胡适的挽联至今我尚能记忆。他的挽联是：

守常惨死，独秀幽囚，新青年旧伙，如今又弱一个；

拼命精神，打油风趣，老朋友当中，无人不念半农。

寥寥三十余字，寄托着胡适对刘半农的怀念之情，也写出了他对刘的评价。如此朴实真切，可视为挽联中之上品。

徐世昌义卖书画救豫灾

刘东周

在蒋、冯、阎中原大战后的1931年，河南又遭到严重旱灾，豫西更甚。大批难民群集洛阳，其状甚惨。河洛绅耆许鼎臣等倡议成立了“豫西救灾会”，向军政当局、巨商富户、社会贤达发出募捐启，呼吁大家慷慨解囊，拯救灾黎。

曾任民国大总统的徐世昌，在北京接到募捐启后，赶忙亲书楹联二十副，绘制梅兰竹菊、山水人物画十幅助赈。徐是清末进士，其书画颇有名气，此次一经到洛，各界人士便纷纷以高价购买，得款二千元左右，为赈灾工作带了个好头。

鲁迅的"别"劲

王瘦梅

1932年11月,鲁迅省亲,到北平小住半月,作了著名的"北平五讲"。当时东北沦陷,华北亦岌岌可危,北平正是山雨欲来风满楼。而国民党当局却仍加紧推行"攘外必先安内"政策,迫害进步人士;一些学者文人仍在复古倒退中高唱"读书救国论"。对鲁迅在各大学的演讲,有的害怕,有的冷淡甚至讨厌。

我是在鲁迅离开北平的前一天即11月27日在北师大操场听其演讲的。那天很冷,天阴沉沉的,刮着大风。鲁迅站在桌子上,我离得远,讲些什么听不清楚。据北师大化学系一个同乡告我:鲁迅本没打算到北师大演讲,他们去请鲁迅时,一名代表说了这样一句话:"同学们殷切盼望鲁迅先生去演讲,可国文系主任钱玄同却说:'如果鲁迅来北师大演讲,我这个系主任就滚蛋!'"钱玄同本是五四时期新文化运动的战将,鲁迅的战友,这时已成为复古倒退的代表人物。鲁迅一听他这话,当即说:"既然这样,那我就非去不可!"其"别"劲如此。

鲁迅的“辣”

王瘦梅

1952年,我在浙江省立湖州高中工作时,与杨华耜(即杨乃康)同事,杨是鲁迅先生的老朋友,常谈起鲁迅的为人。据杨说,鲁迅从不趋炎附势,对权贵极为蔑视。平时他出言辛辣,常常弄得人啼笑皆非。杨说:“在教育部时,我们是天天见面的。后来我被调到吉林省当教育厅长去了。过了几个月,我到教育部述职,两人相遇,他开口就说:‘你虽然做了官,却还像个人样!’办公厅里听到此话的人都不禁愕然,我更被弄得哭笑不得。”

曹靖华同鲁迅的友谊

刘家骥

著名文学家、翻译家曹靖华教授(1897—1987),河南省卢氏人,他同鲁迅友谊之深,令人羡慕、敬仰。从1925年春曹在开封国民革命军第二军时,因苏联顾问王希礼所译《阿Q正传》事致函鲁迅求教起,双方通信,持续十余年。鲁迅写给曹靖华的信，据曹自己说有一百三十多封。

这些信涉及面很广，仅举一例。1931年在曹偕妻女寓居苏联时，正当苏联处于艰苦年代，粮食燃料供应不足。鲁迅在2月24日信中关切地询问："兄之劈柴，不知已领到否？此事殊以为念。"关切到这种程度，人间除骨肉至亲外，还有什么真情可与比拟？

曹靖华自然也处处为鲁迅着想。鲁迅爱书爱画。在一篇访问记里，曹靖华曾自述了这样一件事：鲁迅在编校曹译绥拉菲摩维支《铁流》时，想把苏联木刻家毕斯克列夫的四幅插图印到译本里，为此写信托曹搜求。曹接信后查访了两年，没有打听到木刻家的地址，经绥拉菲摩维支帮助，才从木刻家手中得到那极为珍贵的四幅原版手拓木刻。尽心竭力若此。

1936年10月19日晚，在北平听到鲁迅逝世消息时，曹惊呆了，哀伤至极。据10月20日《北平新报》报道："鲁迅昨晨在沪逝世，……曹靖华、丁非等闻耗悲痛失声。"

张学良"精忠祠"题联

刘耀德

1935年6月，国民党中央军校洛阳分校军官训练班第三期毕业。军校惯例，每期毕业都要举行隆重的典礼。这次典礼原应由军事委员会委员长蒋介石主持，但是蒋正忙于调兵遣将，追堵北上的红军，一时顾不上。他即给军校洛阳分校校务委员会主任、驻防武汉的张学良打一电话，要他代理。

当时洛阳西工供奉关羽和岳飞的精忠祠(原名武圣祠)刚好重修完工，准备举行一次大型祭奠。张在主持洛阳军校的毕业典礼前，又应邀主持了“精忠祠”落成典礼，并亲自写了一副“背邙面洛，斩凶除奸”的对联，悬挂在祠的两侧。对联虽然只有八个大字，却是张将军爱国爱民、坚持正义的思想体现。

冯玉祥赋诗纪念彭禹廷

秦　俊

论及中国乡村建设派的几个首领，当以梁漱溟名气最大，次之是梁仲华和彭禹廷。

彭禹廷(1893—1933)，名锡田，字禹廷，河南省镇平县七里庄人。参加过辛亥革命，作过河南印刷局副局长、冯玉祥的英文教师、西北边防督办公署秘书长、国民革命军第二集团军总执法处高等执法官。1927 年 8 月，弃官归里，致力于乡村建设运动。为进一步探讨乡村建设理论，培养乡村建设人才，创办河南村治学院于辉县百泉，自任院长，梁仲华任副院长，延请梁漱溟、王柄程、孙廉泉等为教授。后因镇平县城为土匪攻破，地方人士连电交催，彭乃托院务于梁仲华，化装返县，联合内乡别廷芳、邓县宁洗古、淅川陈重华等于内乡举行联防会议，开创了宛(南阳古称)西自治运动。

1933年3月，镇平劣绅杨瑞峰等受河南省政府主席刘峙指使，贿通彭禹廷马弁杨天顺等，将彭活活勒死。于右任先生闻讯，甚为痛惜，亲撰挽联一副，派人送到镇平。李济深、黄炎培等党政要人及社会名流，或发唁电，或送挽联，或亲赴镇平吊唁。此时冯玉祥正在张家口忙于筹建抗日同盟军，未能亲赴镇平参加吊唁活动，每每谈及此事，颇感内疚。1941年8月，冯玉祥将军居住重庆期间，时有旧部来访，勾起对彭禹廷的思念，乃拈笔赋诗一首：

彭先生，彭禹廷，
河南省，镇平人。
一生好读书，说话不欺人。
最不好说话，说话必真诚。
民国十一年，他在十一师，
团部书记官，埋头能苦干。
作事有恒心，性情极和善。
有功常归人，有过自己担。
行为极耿直，是一铁面汉。
后来在西北，五原誓师时，
他由宁夏来，特为报告事。

朝夕相过从，更见其心志。
又后在豫省，办学更认真。
多少好青年，佩服皆倾心。
最后回南阳，办事为地方。
实心作事业，父老多仰仗。
不期有意外，忽然被贼害。
关岳死如此，身死名万代。

如果太平常，一事办不来。
人生几十秋，不必问成败。
是非与真理，咬定不变态。
唉呀彭先生，真把百姓爱。
唉呀彭禹廷，地方实利赖。
唉呀彭书记，真理不能埋。
唉呀彭秘书，始终未失败。
我今纪念你，光辉永久在。

彭禹廷自己求自己

秦　俊

1922年，彭禹廷投笔从戎，任冯玉祥部四十四团书记官，兼作冯的英文教师。1924年的一日上午，北平汇文大学同学梁仲华来访，议及读书，梁侃侃而谈，彭自愧弗如，送走梁仲华之后，拍了一张甚为特殊的照片，并题“自求自词”以自勉："民国十三年，吾跪吾前，自求自焉，岁月易迁，速醒莫长眠，立志要坚，读书要专。言多易招愆，应留半句在口边。今日应为之事，切勿待明天，彭锡田求彭锡田！"此事为十一师师长张之江所知，对彭大加赞许，俟张出任察哈尔都统之后，点名要他作自己的军法课长兼禁烟督办。

禁烟督办乃一肥缺，他人求之不得。彭禹廷任职后，不仅未捞"外快"，月俸所入，亦捐作该处教育经费，及接济贫苦学生。我党高级将领彭雪枫就是靠其供给，才得求学于西北军官子弟学校。

彭雪枫赞彭禹廷

秦　俊

彭雪枫生前作过中共河南省委军事部长兼统战委员会主任委员。由于工作的关系，常常谈及家乡的几个重要人物，谈论最多的首推彭禹廷。

彭禹廷乃雪枫的族叔，因他在弟兄群里排行第五，故雪枫叫他五叔。彭禹廷在冯玉祥部供职时回来探亲，见雪枫聪明可爱，却无钱上学，很为他惋惜，返队的时候将他带了去，送到西北军官子弟学校就读。从此两人经常晤面，为时三年有余。因而雪枫对他五叔十分了解，也相当尊重。他常说："我参加革命与他的影响有关。"雪枫作了红军将领之后，案头还经常放着彭禹廷的著述《彭禹廷讲演集》、《镇平自治概况》等。

抗战时期，彭禹廷的二儿子彭策约了几个同学去八路军驻太原办事处投奔革命，受到雪枫的热情接待，谈及彭禹廷时，雪枫扼腕长叹道："五叔之死，不惟是宛属人民之不幸，亦是革命一大损失。他的一些主张，和我党一些主张很相似，譬如土地问题，我党主张减租减息，而他主张累进税制。"他顿了顿又道："要是五叔还活着，我一定请他来延安一趟，和毛主席好好谈谈。"

彭雪枫卖马

阎树梅

1939年2月，彭雪枫率新四军游击支队进抵永城县书案店，打击日伪，收复国土，消灭土匪，安定地方。5月，几个主力团已去夏邑、商丘开辟新区，留驻书案店、杨楼一带的支队直属机关和伤病员，连有盐无油的糠菜粗饭也吃不上，一天一人三分钱的菜金也发不起。

此时正是青黄不接，群众生活极端困难，彭雪枫日夜考虑如何安排群众度过春荒。他向供给处长资风说："我们是共产党的队伍，这一时的困难还能难倒我们？我看把支队直属机关的马牵去卖了吧。"资风说："马还要驮东西，部队行动时怎么办？"彭说："行军时，人会背上；马呢，一来群众

要用它收庄稼，耕地也需要它；二来伤病员吃不上菜，买不来油盐，哪养得起马？只好卖掉它。这是军民两利呀。”几句话说得资风笑了。

当地群众看见新四军把战马牵到观音堂市上去卖，纷纷把家里节省下来的红芋干、黑豆和杂合面送交部队渡过难关，盛赞新四军纪律严明，秋毫无犯。

冯玉祥的文告别具一格

昌纪学

冯玉祥为人正直，且能与士兵同甘苦、共荣辱，军纪严明。民国九年(1920)十一月九日，冯率第十六混成旅抵达信阳后，坚持在车站东侧的临时帐篷里办公。次日，信阳道尹杨法明大摆酒筵为冯将军洗尘。冯虽应邀赴宴，然席中不吸烟、不饮酒，只吃白菜萝卜就饭，以示对奢侈浪费的憎恶。事后，他手书训令一则，告诫全体官兵：

烟酒必戒，嫖赌必戒；
除去骄惰，除去奢侈；
实行勤俭，为党牺牲；
国民革命，方能成功。

此训令通俗晓畅，没有任何官场文章腔调。

1921年6月张贴于信阳城乡的保护树木告示，亦出自冯的手笔，其风格尤为独特：

老冯在信阳，
大树绿漾漾。
谁砍我的树，
我砍谁的头。

冯玉祥在舞阳演讲

王碧岑

1938年春，冯玉祥来河南视察防务。到舞阳后，就到他十一年前亲自批准创建、因战乱迁移至此的省立安阳高中接见全体师生。当时冯身穿宽大的旧灰棉军服，躯体高大魁梧，但背已稍驼，面容也显得衰老。舞阳县欢迎冯将军的群众大会，是在离安阳高中不远的一个广场上举行的。

"各界父老兄弟同胞们！"冯将军站在台子上开始讲话了，他那洪钟般的声音荡漾在广场上空。接着他愤怒地控诉了不久前日寇在南京大屠杀的罪行。以下是他留给我印象最深的一些话："日本帝国主义为什么那样惨无人道呢？他们要亡我们的国，灭我们的种呀！是要我们四万万同胞永远当亡国奴呀！你们说我们能甘心吗？不能！绝对不能！""乡亲们！他们把杀死的人的耳朵割下，用绳子穿起来去请功领赏。在那一串串的耳朵里有些又干又薄的耳朵，那是什么人的耳朵呢？那是老大爷、老大娘的耳朵呀！还有一点点的小耳朵,那又是什么人的耳朵呢?那是孩子们的耳朵呀!”冯玉祥将军的这番话激起了强烈的民族仇恨和爱国热情,给我留下了深刻的印象。

冯玉祥秘而未传的一首诗

李平一

冯玉祥把自己的诗称作“丘八诗”,别具一格。他的诗大都已经发表,集印成册。不过,据我所知,他有一首赠给蒋介石的诗,因当时环境特殊不便外传,因而以后也就散失。

1940年,抗日战争正处于困难阶段,蒋介石屡次掀起反共高潮。这年10月,蒋与何应钦、顾祝同等秘密调兵遣将,准备对新四军下手。冯玉祥一贯主张国共两党团结抗日,反对投降,反对分裂。在此关键时刻,他给蒋介石写了一封信,并附了这样一首诗:

新四军何罪

全国正抗日,自己动干戈。
兄弟阋于墙,这是为什么?
亲者为其痛,仇者为其乐,
亲痛而仇快,必成大灾祸!
我劝当局者,胸怀要广阔,
同心与同德,全力把敌破,

自拆自己台，我看划不着。

在冯的初稿中，“当局者”一词原为“当权者”。冯想了想，把“权”字改为“局”字。当时我任冯的秘书，冯对我说：“蒋介石这个人最爱争权，寸权必争，但他又最怕别人说他‘争权’。所以，我对他不提‘权’字，这样，大概就不会触动他的疮疤了吧。”

这封信和诗是1940年12月初送交给蒋的，不久便爆发了“皖南事变”。

史沫特莱在南阳

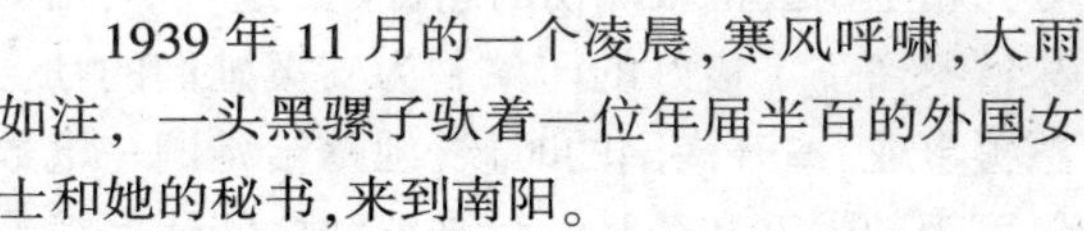

毕跃明

1939年11月的一个凌晨，寒风呼啸，大雨如注，一头黑骡子驮着一位年届半百的外国女士和她的秘书，来到南阳。

女士来到南阳，受到县长李子静的热情接待。宾主相向而坐，由南阳的军事设施，谈到日本的轰炸及居民和学生的疏散工作，一谈便是几个小时。这女士不是别人，乃大名鼎鼎的杰出的国际共产主义战士，美国著名作家、记者和社会活动家艾格尼丝·史沫特莱。

采访结束的时候，已是后半夜，为了她的住宿问题，竟难坏了李子静。是时的县政府住满了军队,十分拥挤,无法安排。去旅社吧,城内炸得一塌糊涂,哪有旅社可住?最后,想到了修道院。由县长的秘书作陪,冒着大雨敲响修道院的大门。

修道院共有十个修女,都是意大利人,院长叫艾敏尼娅·马林维尔妮。待她弄清史沫特莱的身份之后,连声道歉,并令修女们为她铺床叠被,升火烤衣,还拿出了牛奶、面包、莎乐美、蜂蜜、香肠、黄油、咖啡和弥撒酒款待她。这些东西,绝大部分是修女们自己生产的,这个修道院自己有养猪、养牛、养鸡鸭的场地,还有蜜蜂房、葡萄园等。她们自己做面包、黄油、香肠、乳酪和甜酒。史沫特莱对此很感兴趣,这个教会是她进入中国以来所见到的惟一有外国人进行体力劳动的教会,修女们不惟自食其力,还做一些慈善事业。修道院内建了一个二十张床位的病房,免费接收病人,每次空袭之后,修女们还要背起急救药箱上街去抢救炸伤的老百姓。这一切,给史沫特莱留下了极好的印象。为支援她们的社会慈善事业,离开南阳的时候,她赠给她们一笔数量可观的捐款和药品,后来彼此之间还保持着通信联系。1940 年 7 月 15 日和 1941 年 5 月 8 日,南阳修女两次给史沫特莱去信,反映她们的困境和苦闷心情,揭露日本侵略军在南阳的暴行。捉笔者乃一年轻修女,名叫艾敏尼娅德·加坦妮略。

刘伯泉宁死不屈

许恕秀

杞县刘伯泉烈士，幼读诗书，十六岁考取秀才。入民国后，接受三民主义，创办多项社会福利事业，曾与王毅斋博士一起创建大同学校。

1938年农历十月三十日，日寇第二次攻占杞县，刘不幸被捕。汉奸田友望投靠日军，任杞县维持会会长，他逼刘供出共产党人及抗日人士名单，刘严词回答："不知道。"后将刘五花大绑，押至小西门门口，让他从往来行人中辨认游击队员。询问多次，他还是回答："不认识。"敌人百般折磨他，均未达到目的。于是变换手法，诱之以"维持会长"，刘仍坚定地说："不干。"

敌人技穷，于1938年农历十二月十二日将刘拉到小西城楼南，用刺刀尖顶住他胸膛问："姓刘的，你怕死吗?"刘毫无惧色地答："不怕。"敌兵先用砖砸，后用刺刀扎，刘在"打倒日本帝国主义！"、"中华民族万岁！"的呼喊声中壮烈牺牲，时年六十二岁。

“亏我洋货国货俱全”

桑　凡

靳志字仲云,开封人,晚清进士,建国后任河南省文史馆馆员。精词章,善书法,通外语。光绪癸卯年 (1903) 补殿试,1904 年考取商部引见章京。靳氏自云:“人皆贺为终南捷路,一步登天。”但他不愿居官,“是年冬游学法国,后转英国”。

他自谓:“1940 年至 1946 年在外交部工作期间,所用者英文、法文;在重庆专为部、次长司笔札,所用者中国旧文学。尝自嘲曰:亏我洋货国货俱全,可供顾客选买;而誉我者则曰:君实学贯中西也。蜀中生活奇窘,赖卖文卖字,稍作补充。”此事先生曾不止一次为吾道及。

路易·艾黎在洛阳

刘梦成

路易·艾黎是新西兰人。1941 年他在洛阳时,住在北大街工业合作事务所。通过中共地下党员洛工合主任孟用潜的关系,他先后几次到洛阳八路军办事处和负责人会面，为办事处做了两件好事：一件是给贺龙部队筹集了一批子弹、手榴弹等军用物资；另一件是通过办事处，将国际支援的五万元钱转给朱总司令。蒋介石对此大为不满，撤销了他行政院技术顾问之职。

嵇文甫狱中赋诗

牛庸懋

吾师嵇文甫教授，河南汲县人，解放后任河南大学校长、副省长。1941 年秋，以“思想犯”罪名被国民党政府拘系于洛阳。在狱中曾自撰一联云：“寝馈六经三史，瓣香一峰二山。”后余问师：“一峰二山所指何人？”师云：“余近年来所蕲向者孙夏峰、王船山、全谢山三人也。盖立身尊夏峰，持论宗船山，学问门径则出入浙东诸老，而尤近谢山。夏峰平实，船山邃密，谢山淹贯，三者兼修，其庶几乎！”师于旧体诗不喜染指，然偶有所作，必雅健可诵，非一般人可及也。其《在狱咏怀》云：“感轲何足道，磊落此襟期。羑里坚贞日，龙场悟彻时。精金须百炼，健马终一驰。默数平生事，飘然壮志飞。”文如其人，诗为心声。师已归道山多年，今颂此诗，其坚贞不屈形象犹历历目前也。

冯友兰谈人生成功之路

王华农

抗战时期冯友兰执教于西南联合大学，1943年返河南探亲。在其回昆明路过西安时，曾应王曲中央军校第七分校邀请，对该校军官讲学。他谈到人生成功之路有三条件：一是才，即天才。人的天赋互有差异，有天才的人要善于发挥自己的天才，造福社会。二是德，德不仅指品德，还指勤奋努力，对远大理想执着追求，主观上尽其在我。他认为，德是最根本的条件。三是命，所谓命，并非指命运，而是指机会。在人生道路上，有条件而无机会，往往难于有成。冯先生说的机会，笔者体会，就是常说的际遇。统观三者，冯先生寓意重在主观努力，这是学有所成，业有所就之关键。此事是老友河南大学教授张绍良向笔者谈及的。

忆清末河南两位书家

杜慕堂 遗稿　王质彬 改写

马吉樟，字积生，清末河南安阳人，能写真、草、篆三种字体，其中以篆书最有名，北京清王府还有他写的东西。国子监祭酒盛昱（满人）常说：当代篆法，首推积生，他无派，故能超乎众派。我尝见他写篆字，用笔极快，一气下来，如写真字一样，绝无描摹堆砌之习。他的真楷从汉魏六朝脱化开来，磅礴郁结，魄力雄厚，尤好写大字。新乡王静波墓志铭，撰文、书丹、篆盖全是他一手成就，字有五、六分大，笔笔不苟，真力弥满，允称杰构。他升任湖北臬台上京陛见时，我正准备朝考，向他请教，他扼要地说出八个字：“横平竖直，边紧内松。”我当时很失望，认为横平竖直谁还不知，可是又一深思，边紧内松就不容易了。他很珍重他的字，又很珍惜钱财，庆吊往来向不送人财物，总是一副篆字对联，联语也是他自作的。他的字是有“润例”的，有请其写对联者，均应照例付一定钱财，他也照收不辞。晚年他的脾气有改变，想把他的书法教给下一代。常对人说：你们都知道我会写篆字，却不知道我写大草更好；你们想学，我情愿教，就是住到我家也可。他经常带着夫人到戏院听程艳秋(即砚秋)的戏。谁要想求他写字或请他篆盖，只要买几张程艳秋的戏票送给他即可。

安阳还有一位书家，姓王名谦字介艇。王原籍开封，由翰林起家做到直隶藩台，解任后寄居安阳。他虽然官位不低，却喜欢临池写应酬。我见过他写的一本册页，结构谨严，字体端正。还见过他临写的《九成宫》，笔力健举，临大欧而颇带小欧的气魄，这是他的一部得意之作，因之刻石藏家以垂永久。后来家道中落，出售给了一位富商。

河南最早的日报

王　蕾

《开封简报》创刊于光绪三十二年(1906)七

月六日，开始每天出四开一张，后来改出两张，以油光纸单面铅印，是河南最早的日报，在形式上已接近现代报纸。

在《开封简报》之前，河南巡抚陈夔龙曾创办《河南官报》，于光绪三十年(1904)创刊。先是每五天出一册，后改为每七天出一册。严格地说，它并非我们所说的报纸，因为它既不是日刊，又是以“书本”的形式印行的。

《开封简报》为河南学务公所人员所创办，不仅报纸样式有所改进，在内容上，新闻性也大大加强，消息、告白等所占篇幅明显增加，因此很受社会欢迎，行销日广，至宣统三年(1911)改名为《中州日报》。

贾侠飞与《自由报》

王文耕

贾侠飞，名英，河南潢川县人，祖父曾任清朝御史。清末，侠飞在开封很活跃，系革命营垒中的激进派。1912 年 6 月，他联合同盟会员阎子固等创办了《自由报》，贾任总编辑。同年 8 月，同盟会改组为国民党，《自由报》即为国民党河南支部的机关报。

贾侠飞为人鲠直，嫉恶如仇。《自由报》问世后，斗争矛头指向袁世凯在河南的代理人、河南

都督张镇芳。曾发表《诘问张镇芳》的社论，指责张滥用不才，玩忽时政，贻误河南。又发表时评《黑暗哉，河南州县之状况》，提出“可痛者河南，可杀者牧令”。贾对张口诛笔伐，指名道姓，嬉笑怒骂，毫无畏惧。还直接上书袁世凯，历数袁当政以来种种不当之举。因此，袁、张等恨之入骨，于1913年1月23日将其逮捕，并以“诋毁政府”罪向法庭起诉。1月28日《自由报》发表《张镇芳罪大恶极》的社论，张施其淫威，于翌日强行封闭了该报。法庭审理此案时，新闻记者与各界代表百余人前往旁听。侠飞理直气壮，侃侃而谈，法官不得不以“罚金保释”处理。贾获释出狱后，省会三千余人集会欢迎。

1913年6月，袁世凯明令“取缔国民党”，大肆逮捕党人。贾侠飞闻讯，连夜逃往北京。张镇芳派人追捕，会同北京执法处于8月20日在西河沿泰来店将贾逮捕，暗中杀害。贾乃河南新闻界最早为真理而献身之战士，英烈非凡，令人扼腕。

罗震与汉画馆

马俊乾

罗震，善书法，1980年聘为省文史馆馆员。罗于1934—1937年间任南阳专员时，对南阳的汉画像石很感兴趣。南阳的历史瑰宝——汉代画像石刻，自民国十七年(1928)南阳名宿张中孚发现起，到民国二十年(1931)南阳草店汉墓的发掘，已收藏画像石近百块。因此对累年屡增的汉画像石如何妥善保存，就成为罗震常议论的话题。民国二十四年(1935)，他邀请各界名流商讨保存汉画像石事宜，大家一致认为要以“保护国粹，光我祖国”的紧迫感迅速建立汉画馆。会后，罗震又会同秘书主任李静之、建设科长李丹五、教育局长吴重辉等人筹资，责成民众教育馆长王恒超负责施工，在教育馆后院兴建汉画馆。于本年10月竣工，计建展室三间，廊房二十六间，镶汉画像石近百块。罗震书“汉画馆”门额，并撰书“南阳汉画馆创修记”刻石镶于壁间。文曰：

南阳为光武帝之故里，当时文物之盛，读‘驱车策驽马，游戏宛与洛’之古诗句，略可想见。顾年代久远，遗迹渺然无存，惟石刻汉画时有发现。石刻多初民游猎故事，人物生动，刻划苍老。不特可以见古代艺术之精，且为研究古代历史文化之珍贵资料。惜前人多不注意搜集拓印，各书亦无著录，致散遗损毁，湮没不彰。世人多知山东有汉画，而不知南阳汉画之多，品质之精，实远出山东之上。民十七，张中孚先生访拓数十幅，请关君百益影印四十帧，名曰《南阳汉画像集》，交中华书局出版。此集之出，世人始知南阳之有汉画。然仅四十幅，犹未能囊集所有，蔚为大观。二十三年夏，余奉命督察宛属行政，见诸石散遗，日就损毁，思有

以保存之。乃命李科长丹五、吴局长重辉、王馆长恒超,从事访察搜集。除房基、桥梁无法拆掉者不计外,共得百十八石。诸石既集,复命教育局设计,鸠工筑室于教育馆后院。名曰:'汉画馆',藏诸石其中,保存古物,以为学人研究之资。且于馆之西廊,预留隙地,以备将来续有发现时之藏置。馆成,因记其始末如此。东峰罗震,中华民国二十四年国庆纪念日。

建成的汉画馆,尽管范围狭小,建筑简陋,但罗震作为创建汉画馆的奠基人,却功不可泯。

诗 迷

刘家骥

写诗应有"迷劲",这是著名诗人苏金伞(睢县人,1901 年生)自述其写诗经验的一句话。

20 世纪 20 年代初,他在开封第一师范读书时,学的是体育。毕业后曾在河南省体育场工作,在体育界颇有名气。这时他已醉心于诗歌,在《大公报·文艺》、《诗创作》、《诗垦地》等报刊发表了一些乡土气息浓郁、含蓄有味的作品,在新诗界开始引人注目。体育场前是龙亭的潘杨二湖,晚上他常到湖畔一边散步,一边考虑诗。一次,正漫步湖畔时,忽见一支枪对准他胸口。

原来，他沉湎于诗境，不觉已路静夜深；遇巡警喝问，亦不闻其声，才有如此一场虚惊。

我1942年考入河南大学，他此时正在河大作体育教师。我同栾星、白忆菲、张志谦（林涧）等因诗的关系，常出入他的小屋，请其评点习作，得益甚多。我们在校内形成一个小小的诗歌群体，彼此之间的关系也因而比较密切。可谁会知道，这些他喜爱的弟子，却很少上他的体育课呢！

康有为的纪年法

王华农

民国十二年(1923)春，康有为曾到开封作短暂之游，在著名古迹龙亭、古吹台等处赋诗挥毫。其亲笔刻石现仍存置原处，题龙亭的七绝一首，刻在大殿东侧石阙门楣之上。文为："远观高寒挽(古"俯"字)汴州，繁(pó)台铁塔与云浮；万家无树无宫阙，但见黄河滚滚流。"自注："孔子二千四百七十四年癸亥三月十七日，南海康有为……俯仰今古，感喟山河，登龙亭留题。"

就诗论诗，说不上怎么奇妙，值得注意的是他以孔子生辰(公元前551年)纪年。这种纪年法是不是康有为的发明，未加查考。但当时民国已建立十有二年，他不以民国纪年，而抬出孔子

来，不会没有原因吧！石阙两侧石柱上有康题联一副，文为：

中天台观高寒，但见白日悠悠，黄河滚滚；

东京梦华销尽，徒叹城廓犹是，人民已非。

今天我们来看康有为这副题联，自也不能无感：俯仰古今，黄河依然滚滚东流，而英才辈出，景物更新，康的“感喟”，陈迹而已。要说能使人思索一点什么的话，那就是这位曾向西方国家寻找真理的“先进的中国人”，为什么后来却被历史的车轮远远抛在后边了？

中州进步报人徐鉴泉

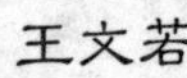
王文若

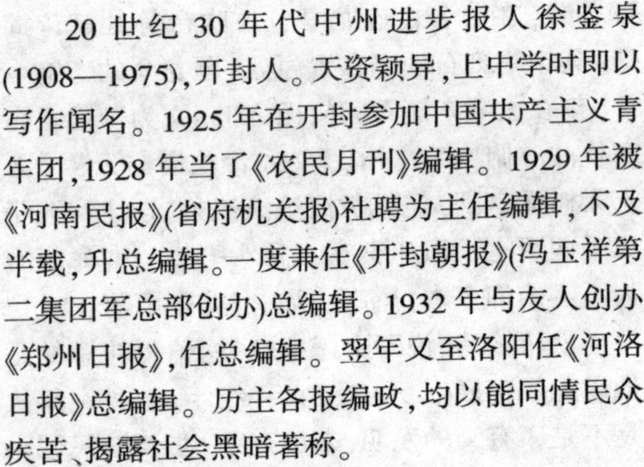
20 世纪 30 年代中州进步报人徐鉴泉(1908—1975)，开封人。天资颖异，上中学时即以写作闻名。1925 年在开封参加中国共产主义青年团，1928 年当了《农民月刊》编辑。1929 年被《河南民报》(省府机关报)社聘为主任编辑，不及半载，升总编辑。一度兼任《开封朝报》(冯玉祥第二集团军总部创办)总编辑。1932 年与友人创办《郑州日报》，任总编辑。翌年又至洛阳任《河洛日报》总编辑。历主各报编政，均以能同情民众疾苦、揭露社会黑暗著称。

1942 年河南大灾时，徐鉴泉在重庆任河南省府驻渝办事处秘书及河南旅渝同乡会常务理事。重庆《大公报》1943年2月2日发表的《看重庆念中原》著名社论，徐氏与有力焉。

徐早年参加共青团，在重庆曾由《新华日报》总编辑杨放之陪同，受到周恩来的接见，周勉以为人民多作工作。

抗战胜利后，徐鉴泉回河南，任省田粮管理处副处长、处长。经中共开封地下组织了解，证实徐在重庆一系列靠拢党的表现后，将徐发展为工作关系。徐利用其政府高级官员身份，为党作了一些有益的工作。如曾让根据地派来以张轸等为对象搞统战的戴德住在自己家中，照料生活，妥善掩护。还将中共冀鲁豫区开封工委东区支部书记陈秀峰及丁玉璞等，分别安置到田粮系统，使他们取得合法身份，并助其收集情报等。

建国后，徐鉴泉住家武汉，曾任武汉市中医进修学校第一副校长等，1975年病逝。

魏巍少年时代的三个第一

周启祥

1932年夏，郑州苑陵街的基督教青年会，兴办了一次全市青少年学生“作文”、“常识”和“书法”三项比赛，参赛学生上百名。主办单位规定：“作文”以《谈我的志向》为题，字数五百至一千，限两小时完卷。"常识"是二十来道有关时事、文化(包括文学)与教育等方面的问答题和填空白题，试题已预先油印好，限一小时完卷。"书法"的考法是：发给两张有九个方格子的大字纸，一张写主办单位指定的九个字，另一张由参赛者写自己愿意写的字，恭楷或行书均可。

比赛结果，当今著名作家魏巍以三项满分取得了三个第一。主办单位请三个项目中的前三名优胜者合影留念，并在郑州的报纸上作了报道。

这以后不久，我有幸在青年会看到了魏巍的三份试卷。他"作文"的草稿，看来是一挥而就，基本上没有什么涂改。其眷写稿字迹工整，一笔不苟，清丽俊秀，不同凡响，是与赛者无人可及的（笔者当时也是受奖者之一，而自愧不如)。主办单位对他作文的评语是："文情并茂，堪称佳作。"

在"常识"比赛中，他也遥遥领先。后来我才了解到：当时他就已经给郑州《华北日报》等两家报纸同时撰写逐日连载的长篇小说《神三鬼四集》和中篇小说《狂飙里的游丝》，他每天为两报各写四、五百字，从不间断。郑州有些报社长期向他赠阅报纸，因此他不花分文，便能阅读多种报纸，为他的见广识多创造了条件。

"书法"方面，他以颜字体恭楷写了一张，又以行草写了一张。评选人对他的楷书的评语是："敦厚淳朴，自成方圆。"对他的行草的评语是："笔力独到，飞走龙蛇。"

魏巍获奖的那一年，他的实足年龄是十二周岁。

鲁迅为曹靖华之父撰写碑文

王瘦梅

鲁迅于1934年11月29日在日记中写到“午后为靖华之父作教泽碑文一篇成。”文曰：

夫激荡之会，利于乘时，劲风盘空，轻蓬振翮，故以豪杰称一时者多矣，而品节卓异之士，盖难得一。卢氏曹植甫先生名培元，幼承义方，长怀大愿，秉性宽厚，立行贞明。躬居山曲，设校授徒，专心一志，启迪后进，或有未谛，循循诱之，历久不渝，惠流遐迩。又不泥古，为学日新，作时世之前驱，与童冠而俱迈。爰使旧乡丕变，日见昭明，君子自强，永无意必。而韬光里巷，处之怡然。此岂辁才小慧之徒之所能至哉。中华民国二十有三年秋，年届七十，含和守素，笃行如初。门人敬仰，同心立表，冀彰潜德，亦报师恩云尔。铭曰：华土奥衍，代生英贤，或居或作，历四千年，文物有赫，峙于中天。海涛外薄，黄神徙倚，巧黠因时，鹗枪鹊起，然犹飘风，终朝而已。卓哉先生，遗荣崇实，开拓新流，恢弘文术，诲人不倦，惟精惟一。介立或有，恒久则难，敷教翊化，实邦之翰，敢契贞石，以励后昆。

这篇题为《河南卢氏曹先生教泽碑文》的文章，收集在《且介亭杂文》中。曹植甫看到碑文后，感叹地说："鲁迅身居南国，未曾来过伏牛山区，但从碑文看，他对我们山区兴办学校是很理解的。为了不辜负他的雅誉，我决心在有生之年，多为山区陶冶、培育出品格高尚的学生，回答他的厚望。"建碑之事，因这位耿介孤高、冷静温恭的老者的凛然制止而中止。

1945年秋，毛泽东在重庆第一次见到曹靖华，当听到"卢氏"二字时，马上问："卢氏有位曹植甫先生，一生献身教育工作，鲁迅曾为他作过教泽碑文，你可知道?"曹靖华说，"曹植甫就是家父。"毛泽东很惊奇地说："原来如此!那真是不朽之文，传不朽之人。"1986年9月6日，全国第二届教师节前夕，卢氏人民盼望已久的曹植甫先生教泽碑，终于在他当年教学的卢氏五里川中学揭幕了。

令人啼笑皆非的"新闻检查"

王　蕾

抗日战争期间，国民党政府为控制新闻报道及言论，在全国各省会所在地设立战时新闻检查机构。开封沦陷后，河南省新闻检查所设在洛阳，凡当地报纸刊用稿件，均须送检。他们对送检的稿件,吹毛求疵,信笔涂抹,往往使原稿面目全非,遍体鳞伤。笔者时任《河洛日报》主笔兼副社长,撰写社论,兼编副刊,对此深有体会。

1941年,洛阳青年话剧团在商场剧院上演曹禺名作《日出》,笔者为《河洛日报》撰写一篇观后感。送检后,再看那篇稿子,被涂抹得差三落四,令人啼笑皆非。《日出》结尾处,陈白露感情深沉、哀伤地说:“太阳出来了,黑暗留在后面,但是,太阳不是我们的,我们要睡了。”寓意深厚,笔者对此有较多剖析,是文稿中的重要部分,竟全遭涂抹!结果,稿子虽然上了报,但有些地方上下断裂,连文气都顺不起来了。

1941年春节,笔者漫步古城街头,抄了几副不同寻常的春联,作为“春节采风”发表,现尚能记完整的有:1.“含愁辞旧岁,借债迎新年。”2..“此地半城半廓,斯人若痴若愚。”3.“新年新节新气象,旧鞋旧帽旧衣裳。”4.“人过新年财更旺,我逢佳节倍感穷。”事后听说,这篇稿子险些被扣压,检查官认为,为什么不登“瑞气迎门增百福”或“五谷丰登”之类,专挑这些煞风景的。幸亏另有一位说:“再发达的国家也不免有穷有富嘛!何况我们。”这才勉强“放行”。

当时各报社,凡被扣上“违检”罪名者,就会受到警告甚至勒令停刊数日的处分,《行都日报》、《河洛日报》、《中原日报》,都曾有过这种遭遇。

黎锦熙为司昆题画

司绍晞

画家司昆，河南新郑县人，1935年毕业于开封东岳艺术师范学校。长于画山水、人物及花卉。抗战时期，郑州沦陷，流亡陕甘一带，曾在兰州、酒泉、乌鲁木齐举行画展。

1945年春，他在兰州举行画展时，通过我的介绍，时为国立西北师范学院教务长及中文系主任的语言学家黎锦熙给他两幅画题了字。一幅绘的是一雍容丰润的青年妇女，怀抱满月婴儿，含笑注视在草地上翻滚打闹的幼子。妇女的上方有苍翠的老树，右边有嶙峋的巨石。整个画面，生动形象，极为和谐。黎先生极为赞赏，当即在画上方题了“小儿作弥月，大儿正周岁。如此三十年，不损其健美”的诗句。他又用注音符号，加在诗句的旁边。黎锦熙当时正积极推行普通话，凡有题字，必予注音。他得知司昆生活困难的情况后，黯然神伤地对我说：“像这样的画家，没有饭吃，国家怎么能治好?”这幅画，观众也非常喜欢，因有黎锦熙的题字，司昆极为珍惜，不愿出售，后来赠与了我，可惜毁于“文化大革命”中。

段凌辰为左棻墓志题诗记

牛庸懋

1947年夏，余于开封旧书肆购得左棻墓志一纸，请时在河南大学任教的段凌辰教授题诗。先生翻阅《晋书·左贵嫔传》片刻曰："有了。"即提笔疾书七言绝句一首。其诗云："辇路华林迹已堙，清词薄室事空闻，可怜片石沧桑后，数语寥寥见左棻。"

按此《左棻墓志》，西晋永康元年(300)刻，1930年出土于洛阳旧城东十五里之蔡庄村，志石甚小，似是用砖表里刻字，正面四行，一、二、三行行十字，第四行九字，仅寥寥三十九字。其文曰：左棻字兰芝，齐国临淄人，晋武帝贵人也。永康元年三月十八日死，四月廿五日葬于峻阳陵西徼道内。"背面七行，凡五十字，记其父兄及其兄子奉贵人祭祠者姓名。志文共八十九字，晋墓志中志文之至短者也。字体为隶书，极为精善，为晋墓志中之佳刻。志文中"左棻字兰芝"等语可补《晋书》之缺，至是宝贵。

关伯益与河南考古

邢治平

关伯益(1882—1956)名葆谦,满族。先祖为吉林省长白县人,后迁住开封里城(今开封龙亭后)。光绪末年(1907),关氏毕业于京师大学堂师范科,曾任八旗高等学堂校长、北京内务部古物陈列所参事。民国六年(1917)后,任河南通志馆编纂和河南博物馆馆长。1935年,博物馆部分文物在英国伦敦国际博览会展出时,关任该会顾问。抗日战争后期,他被聘为西北大学历史系教授,主讲考古学、先秦史等课程。

关伯益在现代河南考古研究方面有其卓越贡献。他对龙门石窟的考查最早,在所写《伊阙古迹图序》中曾说:"余访察伊阙自民国三年始,距今已二十三年矣。曾著《伊阙石刻志》四十卷,因限于资,未付剞劂。又著《伊阙石刻图表》,于民国二十四年出版问世。其中造像图版,采自清光绪三十年法国学者沙畹所摄百十幅,乃伊阙摄影最早最完备者。又文字之记录有一千二百余品之多,自来著录伊阙者未有如是书之详尽者。"这部书保存了伊阙在日寇侵略洗劫前的旧面貌,它是目前研究伊阙图像原貌的孤本。此外,他于1936年冬曾再次到龙门调查,并编著有《伊阙魏刻百品释证》、《老君洞知名造像图谱》、《龙门二十品释证》、《伊阙石墨撷英》等。他在调查开封繁塔宋石刻后,还编写有《繁塔石墨撷英》一书;在对新郑发掘的古器物研究后,编写有《郑冢古器图考》和《郑冢古器图录》两书;在安阳殷墟发掘后,他从甲骨中精选八百片,编辑为《殷墟文字存真》一书。其他还编写有《汉熹平石经残字谱》、《魏正始石经残石影本附跋》、《魏三体石经尚书春秋残石序例》、《南阳汉画像集》、《汉袁氏双碑考》、《魏嵩高灵庙碑》等等。

屡经劫难的《白居易家谱》

刘梦成

白居易晚年定居洛阳履道里，谢世后葬在香山寺附近的琵琶峰下。今其附近的白村、白碛村,即为其后裔的居地。

一千多年来，白氏家谱屡经修纂，代代相传。民国初年又经修订,由第五十二代孙白书斋珍藏。白书斋是一位国学基础深厚、又喜书法、品端学优的教书先生。在军阀混战、土匪蜂起的年代,他把家谱东藏西埋,闯过了一道道难关。当日军侵入洛阳、四出抢劫时,他把家谱用铁盒装好,埋在白村菜地看菜庵子的地下。十年浩劫时,又把家谱藏在家中大梁上所凿的洞中。

每年清明，白书斋都率领白氏后裔到白园扫墓。国内外游人祭扫白墓时，他总是热情接待，陪同前往。日本友人捐资竖碑，他又很好地完成了竖碑任务。白书斋逝世后，由他一生珍藏的《白居易家谱》已交北京旅游出版社出版。白氏家族事务则由其子白天佑继承。

《歧路灯》的抄本与出版

刘家骥

《歧路灯》是清乾隆年间河南宝丰人李绿园(1707—1790)创作的一部长篇章回小说，一百零八回，七十万字。

其创作时间大体与《儒林外史》相同。全书取材于现实生活，以出身书香世家的谭绍闻如何为浮浪子弟所勾引、走向腐化堕落的故事为主线，广泛反映了封建社会各方面特别是中下层人民的生活。有人誉之为可与《红楼梦》、《儒林外史》相互参读的一部小说。

小说脱稿后，民间有不少抄本，据辑校出版此书的栾星说，他在 1963 年动手时，曾搜罗到九种抄本。虽然 1924 年洛阳有一石印本，但讹误甚多，印数亦不过百部。1921 年，冯友兰颇重视此书，他据两种抄本校勘，准备由朴社印行推广，可惜只印了一册、二十六回。

后来《歧路灯》由栾星尽可能搜集各种本子,用十年功夫精心校勘、整理,于 1981 年交河南人民出版社正式出版发行。

栾星 1923 年生,原名栾汝勋,河南社会科学院研究员。反右后,沉冤二十余年。在厄境中,他潜心于《歧路灯》的搜求、整理工作,历尽艰难。一天,他对我说:“我明知这部书现在出不来,但有价值的东西,总是不会埋没的。”说话时,于凄然之神色中,我看到了他坚定的信念。

“黄河画家”

刘家骥

走进巍峨庄严的北京人民大会堂,你会首先被壁上那宽 6.8 米、高 3.2 米的巨幅《大河上下,浩气长存》山水画所吸引。画面用高度概括的手法,精心选取了壶口瀑布、龙门雄姿、中流砥柱和中原大地四处风光,集中表现出黄河上下宏伟壮丽的景色。它迎接了不知多少来自五大洲的朋友,赢得了不知多少热情的颂赞。这幅画就是河南画家谢瑞阶 1982 年的佳作。在北京另一接待外宾的处所——钓鱼台国宾馆中,还陈列有谢老 1978 年的名作《黄河在前进》。

谢瑞阶的书法、国画特别是以黄河为题材的画,在国内书画界享有盛誉,人皆称他为“黄河画家”。画家关山月就曾说过这样一句话:“谢瑞阶就是黄河,黄河就是谢瑞阶”,谢晚年亦自称“黄河老人”。

为了画好黄河,1963 年,他沿着黄河行经甘肃、宁夏、内蒙古、山西、陕西、河南、山东等七个省和自治区观察,直到黄河入海处,行程万余里。1978 年秋更以七十六岁高龄,再次到黄河龙门、壶口了解有关情况,观察水势,有时在河边一站就是一两个小时。

谢瑞阶 1902 年 11 月 2 日出生于巩县焦湾村一个耕读之家。青年时代就对绘画有深厚兴趣,1924 年毕业于浙江省美术专门学校,以后即献毕生精力于绘画与教育事业,曾任河南艺术学院(在郑州,1959 年并入现河南大学)院长、中国美术家协会理事、中国书法家协会理事等职。

朱仙镇木板年画

王华农

朱仙镇是明、清时代四大名镇之一,它的木板年画历史悠久,驰名中外。宋人孟元老《东京梦华录》中就有“近岁节,市井皆印售门神、钟馗、桃符……”的记述,可见北宋时期京都开封民间木板年画业的盛况。朱仙镇近临都城,其年画业因之甚为兴隆。宋代情况已难确述,据可考文献,从明末至清中叶，全镇年画作坊最多时有三百多家。民国年间，较大的年画店铺先后迁进开封城内，直到民国末年，尚有二十多家常年营业。

木板年画是我国劳动人民创造的艺术，富于民族特点，从内容到形式，都为人民所喜闻乐见，有着浓厚的乡土气息。其构图丰满，手法夸张，色彩鲜明，令人百看不厌。听说销路最广的是“秦琼和敬德”的门神画，这两位门神各有十多种不同的衣着神态。院门和堂屋门上所贴年画多属戏剧题材，如“长坂坡”、“麒麟送子”、“对花枪”等。以传统戏剧中忠臣义士和英雄好汉的形象做门神，是朱仙镇木刻年画最有特色的品种。

洋教士中文姓名的由来

孟紫坪

自1844年(清道光二十四年)天主教在河南建立教区、恢复公开的传教活动以来，到1948年的百年间，先后有法、意、德、美及西班牙籍男女传教士近千人常驻河南各地，进行传教活动。他们的中文姓名，既非音译又非意译。如开封教区的首任主教本名Taccni，音译为达高尼，而其中文姓名则是谭维新。第三任主教本名Pollio，音译为包利欧，而其中文名为阳霖。传教士的中文姓氏多属罕见，如祁济众(安阳)、巴友仁(洛阳)、来法伟(信阳)及开封的蓝天光、雍世熙、南天章等。

其中文姓名并非由自己所定，而是在他们到达本教区后，由教区主教让教徒中的老学究选几个罕见的姓,并起个名字,由主教选定。曾有一名意籍修士,主教给他定为鲍姓。后来他听教徒说这个姓的偏旁是鱼字,很不愉快,请示主教更改,结果被训斥一通,仍得姓鲍。

这些外籍传教士有的还附庸风雅，请人起个雅号。如上述的阳霖字伯雨;南阳教区主教梅岭南号先春,并刻方图章,印在他的书籍上。

到1945年后,外籍教士才开始改用音译姓名,但以三个字为限。

河南"三生"

刘梦成

河南"三生",名闻遐迩。他们是哲学大师冯芝生(名友兰)、历史学家徐旭生(名炳昶)、豫鲁监察使郭燕生(名仲隗)。

1939年春，作为记者，我有幸采访了徐旭生。谈到历代民族英雄时,他说:中华民族过去有个特性,就是英雄越是死得惨,人民对他越崇敬,甚至建祠修庙,世代祭祀和纪念。例如对关羽、岳飞、史可法、文天祥等都是如此。而如唐代的郭子仪也是有丰功伟绩的人物，因其一生福禄寿考，人民对他的感情就显得十分淡薄。我听了，也深有同感。

1945年春，我到内乡丹水(当时河南省府所在地)，恰逢冯友兰回河南讲学。他以严肃而又和善的态度，用深入浅出的语言，阐明了对《中庸》、《大学》的见解。当时，重庆国民参政会刚开完，郭仲隗参政员也回到了丹水。在有郭燕生和冯芝生同时参加的一次宴会上，我听到郭燕生讲述他在参政会上痛斥汤恩伯祸国殃民的经过。他在会上激昂慷慨大声疾呼说：河南人民遭受黄患之后，又遭受了“汤”(汤恩伯)灾。当日寇向中原大举进犯时，汤恩伯率领大军不战即溃，沿途又损害了不少老百姓的利益。这发言博得了与会者的热烈掌声，当然也使当权者感到震惊。

郭燕生接着说：“大会后，汤恩伯派特务到处监视我的行动。但是，我既然敢在大会上痛斥他，就不怕他对我下毒手。”郭燕生讲述时，冯芝生听得入神，不住地点头。我对郭燕生勇斗权贵的崇高品质，十分钦佩和敬重。

姚雪垠回乡轶事

罗德扬

1945年，作家姚雪垠回邓州老家住了几个

月，我有幸见过他一面。他在邓州期间，一没讲学，二没办啥具体事，只是经常到南关找过去的土匪团长裴小个、孙文山(当时已改成地方团队)等人谈天话地。人家吸大烟他坐在一旁，人家烟瘾过足了再继续谈，谈得很热火。当时我们感到很奇怪，一个名作家和做过土匪头目的人有那么多的话讲？就在他将要离邓的时候，我们在《前锋报》上看到他连载的中篇小说《长夜》，这才明白他接近这些人是为深入调查研究、掌握土匪生活的第一手材料。不这样，单凭他被土匪绑去那段短时间的所见所闻，想写出《长夜》这样深刻动人的好小说，是远远不够的。就是后来他写的《李自成》中，也有些地方用上了这类素材。李自成到谷城见张献忠，张献忠头一句话就是："你真胆大，不怕我黑你？""黑你"二字是土匪常干的打黑枪(暗杀)的黑话。如此等等，难以尽举。

河南文人"四芳"

王文耕

民初，巩县王敬芳、叶县黄自芳、孟津郭芳五，还有朱华芳，被称为河南文人"四芳"。据洛阳张修斋老人1965年谈，"四芳"之中，除朱华芳外，他均熟悉。四人同为清末举人，诗词书画，无所不精，道德文章名重一时，民国后均任国会议员。晚年存心济世，热心公益事业，为乡里所乐道。王敬芳(1876—1933)，字抟沙，早年游学日本，与秋瑾、陈天华交游，常在河南留日学生所办之《豫报》上发表文章，《破浪游》一文以佛家笔法写人生真谛及革新思想，颇受人们称道。光绪三十二年(1906)与秋瑾等在上海创办中国公学(胡适曾在该校求学，其《四十自述》一文中提及校长王敬芳)，又与胡石青在开封合办《新中州报》，常资助家乡子弟至北京读书。每次回家，总要看望乡里老者，嘘寒问暖。一次，他任豫陕宣抚使归来，一老者不敢直呼其名，称为“先生”，王说：“还像我小时一样，你老人家叫我小名好了。”郭芳五(1882—1947)，一名郭涵，号替亭山人，工书法，家中几案满堆求书纸卷。作书时，静立悬肘，一挥而就，神韵卓然。1942年在洛阳为笔者书一行草条幅，至今珍存。为文气势恢宏，其祭杨勉斋文（杨系同盟会河南分会领导人之一，民国元年任河南省第一届临时参议会议长)，情笃意厚，文美词切，感人肺腑。曾在张钫、朱庆澜协助下，于洛阳创办行都慈幼院及《行都日报》。黄自芳(1881—?)工画兰，其叶多不乱，少不疏，神采生动，秀劲绝伦，时人求得一幅，视若珍宝。1944年在宝鸡为笔者所画四扇屏，保存多年，惜文革中遗失。诗词亦佳，辞义典雅。抗战期间，曾为豫剧表演艺术家常香玉编写《七部西厢》、《双训子》等戏本，在西安、宝鸡等地上演。惜阳春白雪，文雅过甚，上座率不高，后遂辍演。黄于解放后病逝。

河南贡院春秋

张盛智

河南大学校园内有两座凉亭，分别竖立两幢清代河南贡院碑。一为雍正十年(1732)刻制的《改建河南贡院记》碑，另一系道光二十四年(1844)刻制的《重修河南贡院碑记》碑。二碑镌刻精致,左右相衬,详细记述清代二百多年间河南贡院的经历。

清顺治十六年(1659)在明代周王府旧址(今龙亭一带)设立贡院,作为三年一次选考举人的乡试场所，后因地势低洼而迁今河南大学校园址。建有九千间号舍,至乡试时,还须“编芦架木为棚”,以便容纳全省应试士子。道光九年(1829)贡院房舍有所增加，规模扩大。道光二十一年(1841),因黄水灌城,乃破败不堪。翌年重修,又面目一新。

光绪二十八年(1902),因北京贡院在庚子之乱中被焚,全国会试改在河南贡院举行。此次会试,主考官舞弊营私,加上管灯人玩忽职守,激起应试士子公愤,发生了骚乱。举人出身、河南省文史馆馆员马佛樵曾参加此次会试，以其亲身经历作记叙诗 13 首,描绘当时痛打考官之情景。其一诗云:“击鼓悬灯侵晓寒,院门日午万头攒,要知众怒诚难犯,高举竹竿打试官。”

辛亥革命后,在河南贡院旧址上,创办了河南留学欧美预备学校,即今河南大学前身。

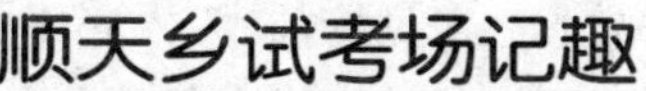

顺天乡试考场记趣

马佛樵 遗稿　刘家骥 改写

光绪壬寅年(1902),清政府借闱开封,补行庚子、辛丑恩正并科顺天乡试。在马佛樵遗稿中有《追忆顺天乡试场中见闻》一文,记他参加这年乡试的经历,颇为有趣,从中亦可了解清末科考之一斑。今转述于下。

是年考试曾有一骚乱:夜半点名入场前,照规定是在贡院辕门前分牌点灯,每牌五十名,以悬灯为记，各街口亦如之。不料某街口的管灯人睡起糊涂，连悬数十灯，各街口明灯齐悬。近万人应试者，见之惊恐，怕误点名，忙携考具、竹竿、网篮等争先奔赴辕门外，拥挤不堪。至日午，点入考场者无几，士子们又饥又热，实不可耐。有强者一声呼打，众竿齐举，在西门主持点灯进场的臬司帽被打落，抱头逃避。在中门主持的巡抚见机自退。当年马佛樵年仅十七岁，随士子入门后，见试卷、签筒、笔架，狼藉满地。

据马所记，考场号屋高约七尺、宽深约四尺。考生入号后先支卧榻，榻上支几。考生多仰卧，头依后墙，而足伸门外。

三场完毕，适值中秋，场中发给月饼。有人交卷后上号屋顶，且吃且喝，狂态可哂。

发榜时，鸣炮三响，奏乐声中，众抬彩亭出，将榜贴照壁上。未见榜前，人人心中如有小鹿；见榜后，中者眉飞色舞，落榜者垂头丧气。

是科有换卷之弊。甲乙二人，甲卖文，乙买文，价议定，先给甲百分之几，入场将试卷互换。榜发，如乙中试，照价付银，有多至银千两者；如乙不中，预交之款亦不退还。

私塾片断

于应祥

旧社会设立的学塾，有公立、私立之别，凡是非公立的，都称私塾。

私塾的教学方法，对大学生和小学生各有不同，但都是一教读，一教写。以教小学生为例，初入塾先读《三字经》，学生站在老师桌旁，老师点着字句，一遍一遍地教，一段四句。学会了，坐在自己座位上朗读，再到老师跟前背书。然后，老师再教四句，学生仍按以前的办法学。这样，半个月或一个月，能够全本通背了即换《百家姓》。继而再学《千字文》、《龙文鞭影》。以后就换读“四书”。《论语》篇数多，背不完，老师往往提着背，隔几篇提一句。有时忽前忽后，乱提一气，你非读得烂熟不可。一部“四书”，天资高、学力到的，一年即可熟读。天资低、学力差的，二年始能读熟。

初入塾的小学生，一个月后即开始教写字，照例是描仿，也叫描红。教时，老师代为研墨，拿着学生的手，嘴里说着“先上后下，先平后竖，先左后右”，一笔笔地描。开始都描“上大人，孔乙己，祀三千，七十四，尔小生，八九子，佳作仁，可知礼”。笔路顺了，再换仿影。手写得活了，再换笔划较繁的唐诗。

对大学生的教法就不同。先读《诗经》,再读“四书”。还要讲文章,讲“朱注”。今日老师讲,明日学生回讲。教写字,则全是临帖。颜柳欧赵,任意选临。

至于私塾学生应遵守的礼节规则,首先是拜圣。每逢开学、散学及圣诞日(旧历八月廿七日),要集合全体学生向孔圣牌位焚香礼拜。平日要向孔圣先师恭恭敬敬地一揖。学生对老师背书,先向老师一揖,背毕,再向老师一揖。私塾的规则很严,如学生不得私自外出,大小便要领出恭签,签上写着“出恭入敬,不许并行”。此外还有不得高声说话等等,违犯的要打手板。手板即戒尺,一面写着“扑作教刑”,一面写着“教法虽严,不责勤学弟子;学规纵宽,岂容放荡书生。”这些规则对大学生多从宽,对小学生多从严。因此,小学生往往视学塾为囚所,每逢早晚放学,好像脱笼小鸟,一蹦三跳地回家了。

旅京豫学堂

杜慕堂 遗稿　刘家骥 改写

清末废科举后,旅京河南籍人士筹资在北京创办旅京豫学堂。河南省文史研究馆杜慕堂馆员早年毕业于该校,毕业后又被旅京河南籍人士公举为该校学监兼庶务长。

该校办学经费来源于社会捐助。捐资最多者为翰林院侍读马吉樟之妹、尉氏县首富刘耀德之遗孀马青霞(刘青霞),她献银二万两;时任直隶总督的袁世凯也拿出白银一万两,总共集资五万两。学堂地址在宣武门外达智桥北之嵩云草堂(建校后又添筑了一些用房),此草堂是清道光年间河南显宦袁甲三(袁世凯之祖父)创修的,屋宇甚多,有亭台山水之胜,时为河南在京官员平日燕集之所。

学堂设经学、修身、国文、历史、地理、博物、格致(物理、化学)、数学、外国文、图画、体操十一门课程。重国文与数学,作文每周一次。所请教师大都是一时俊彦,如由翰林而留学西洋的徐谦(安徽人),就是该学堂的英文与数学教师。

光绪三十一年八月招收中学两班、师范一班,共一百五十人。学堂培养了不少人才,今河南师范大学数学系教授黄敦慈老先生,就是从豫学堂出来的。

学生包伙,月费四元五角。午、晚两餐为米饭、馒头,均四碗四盘两荤两素(冬季四碗改为火锅)。

浚县希贤学舍

王珍卿

1918年我由王升堂介绍,随邻村张三泰、王际唐去浚县希贤学舍上学。学舍设在浚县黉学(即孔子庙)内,教师五人中有清末举人王静轩、拔贡卢以洽和卢逢瑞,庠生李放贤。管理员耿福吾、会计张季轩也都是前清秀才,可称之为“群贤毕至”,人才济济。

学舍有五十多名学生,均为浚县及其邻县农村富家子弟,年龄在二十岁以上。其中有些人学习基础很好,甚至有慕名而来的私塾的先生。

学舍经费一部分来自县政府每年拨给的四百元,一部分来自学生每年的五元“束脩”(即学礼)。教师的工资按功名高低规定,有每年五十元、六十元的,直至一百多元的。

学舍讲课的内容是“四书”、“五经”及其他史书、古文,因人施教。每周作文一次,限当日交卷,由教师在一星期内批改发还。

学生多在学舍食宿,用饭时每六人一桌,有两样菜,由斋夫(即工友)送馍送菜,大抵每月饭费为制钱一千五六百文。教师的生活很优越,每饭有荤素好几样菜。他们多和城内绅士有联系,经常互相宴请,每席总少不了海参鱿鱼。

"我是一个中国人"

王文耕

张仲鲁(1895—1968),名广舆,河南巩县人;清华大学毕业。民国六年(1917),河南选派留学生,张以第一名被送往美国,专攻矿业。在密苏里大学毕业后,复进哥伦比亚大学研究院从事研究,民国十二年(1923)回国,任英人所办焦作矿务大学校长,并兼河南矿学会会长。

英国资本家对中国巧取豪夺,早已引起张仲鲁不满,而英商福公司对焦作矿务大学每年只拿出五千两银子的办学经费,尤为张所愤慨。他在多次向英方交涉无效后,一怒之下,于民国十四年(1925)向当时河南省长岳维峻控告了该公司总董堪锐克,并将控告的内容印成传单两千份,在全省广为散发。胡石青、王抟沙所办《新中州报》以显著地位,将张仲鲁控告堪锐克的六大罪状全文刊出。罪状第一条就是攫取中国的矿权,其次还有破坏合同、欺骗中国人民等等。堪锐克闻讯大发雷霆,专程从北京赶到焦作,愤然对人说:"我们英国人老远跑到中国来,帮助你们开发矿产,有什么不好?再说,我们开矿是经中国政府同意的,有合法的手续,怎么谈得上是'攫取'?"当张仲鲁从开封回到焦作

后，堪锐克一见面就气急败坏地说："你是我们雇用的人，怎么敢来反对我们？"张仲鲁理直气壮地说："我是一个中国人，作为中国人民的一分子，我应该这样做！试问，你们英国办一所大学，一年要多少经费？五千两银子够办一所大学吗？"二人大吵，声震屋宇，弄得堪锐克十分难堪。这年7月，张仲鲁愤而去职。张没有丝毫媚骨，敢于怒斥堪锐克，在20世纪20年代的中国腹地中原，确有震聋发聩之作用。张后来于30至40年代曾三度出任河南大学校长，建国后任河南省交通厅厅长、河南省政协副主席等，1968年逝世。

马戢武与北仓女中

高耀洁

开封北仓女中是1921年秋张中孚和他的同道一起创办的中学。1929年，马戢武被聘为该校校长，直至1958年去世。

戢武先生1889年生于河南新野县农村，1911年参加辛亥革命，1917年毕业于北京甲种工业大学。他反对封建礼教习俗对妇女的桎梏，主张男女平等受教育，因此他献身于女子教育事业。他到职后以校为家，对聘请教员更是费尽苦心。我在北仓读书时，杨一表先生教数学。我未曾读过小学，只自学一些算术等，他能把代数、几何教得我居然名列前茅。苏金伞和罗绳武两先生教国文，他们讲过课后一下堂，半数学生就会背诵。谢瑞阶先生教美术，刘梦真先生教理化。这些老师均系社会名流，而北仓也成为河南著名的女校。

为适应社会和家庭的习俗，学校门禁森严，学生活动限在二门以内，所用勤杂工人全是妇女。学生都在校住宿搭伙，本城有家者，每星期六可以回家，但必须写入“出入手册”，返校时由家长签字。当时我怕麻烦，干脆不回家，星期日和许多同学一样，坐在教室内，树荫下，草丛中，背诵英语或国文。

抗战期间，北仓迁南阳、内乡，在困难情况下，始终坚持上课。1945 年 8 月，抗战胜利，北仓于是年冬迁回开封。经多次变动，学校经费支绌，可以想见。为渡过难关，马校长把每年养十几箱蜜蜂的收入，也归学校使用。他生活很简朴，经常穿一件灰布大褂。由于他谆谆善诱，诲人不倦，先后为社会培养了大批人才。1948 年开封解放，北仓由私立改为省立，从此步入一个崭新阶段，戢武先生仍任校长。1951 年他因病赴北京休养，1958 年患胃癌去世，终年七十岁。

胡石青河大讲学

王华农

中原文化界名流胡石青(名汝麟,河南通许人,1880—1941),1933 年受聘为河南大学社会科学讲座,由于先声夺人,听讲者甚多,每次讲学均在学校大礼堂,千余座位几无虚席。笔者其时在河南大学附属高中读书,常往听讲。胡留有长髯,仪态潇洒,语言生动,富有风趣。他曾于 1921 至 1924 年出洋考察,周游亚、欧、美、非四大洲的三十八个国家,著有《三十八国游记》一书。讲学中多穿插考察、游历之所见所闻,丰富多彩,引人入胜。综合他的主要主张:1."教育救国"。认为教育为立国之本,民众知识之提高,学术之发明,实关系于国家前途。 2."实业兴邦"。认为实业为一国根本之根本,天下大利,在于发展实业。3."产业普化"。认为当时社会上富者愈富、贫者愈贫之现象必须消除,应通过教化及群体的互助联合,使人们拥有的产业大体相近,差距不大。他曾发起组织中国普产学会,并向社会发表宣言,主张实现"产业有差距,无有无之社会"。听讲学生对其"产业普化"主张颇感兴趣,事后纷纷议论,甚而各执一词,争辩不已,可见其讲学给人印象之深。

中州名儒李敏修

王华农

李敏修(1866—1943),名时灿,河南汲县人,清光绪壬辰(1892)进士,清末当过河南教育司司长,民初任国会众议院议员等职。先后在长垣蒲城书院、武陟致用精舍、禹县颍滨经舍、汲县经正书舍等讲学数十年,培育人才,奖掖后进,是河南著名的教育家。

李主张教育救国,重视学与用的紧密结合。曾说,"学者一生惟是修身,要收拾此身无一毫过失"。又说,"好学而不练于事,在社会上要作一庸耳"。

李敏修还是近代全省最大的藏书家, 他平生无他嗜好, 独喜购书, 一生购置图书约五万卷,对河南各州、府、县志搜罗尤为完备。年老家居,招工制成专橱,将书分类储藏,便于检阅,日以读书为事。民国三十二年(1943)病故,年七十有八。建国之初,其子河南省文史馆馆员李季和将全部藏书捐献给平原省文物管理委员会,并将李氏遗著《文字纪年》、《故都漫游》等十数种抄本捐献给中国科学院文学研究所。

杞县私立大同中学的抗日爱国斗争

周济然

1932年8月，经济学博士、河南大学教授王毅斋在杞县创办私立大同小学。1934年9月又办起私立大同中学。中学创办之后，共产党员高炳坦、郭晓棠、赵伊萍、梁雷、傅孤侣、施裕民、周熙亚、张海峰、段佩明、杜省吾、王静敏、谭志正、马庆华等同志及共青团员唐汉英、董启祥等来校工作。进步作家姚雪垠也在大同中学待过一段时间。

大同中学师生的抗日爱国立场是鲜明的。1934年秋开学时，王毅斋就亲书校训"挽国魂于童蒙"，悬于办公室正中壁上。校务主任郭晓棠、高秉坦，教务主任周熙亚，教师唐汉英用被日本占领的"乌苏里"、"鸭绿江"、"哈尔滨"命名教室，写于木牌上，钉于门楣旁，以激发同学抗日救亡义愤。学校先后建立了学生自治会、读书研究会、中华民族解放先锋队、抗敌后援委员会策动部等组织。在这些组织的推动下，师生利用贴墙报，出刊物，游行示威，演新剧，办书店，办抗日游击干部训练班等形式，进行救亡活动。

1935年的一天，姚雪垠得知有人要向开封警察局告发他是共产党，准备逮捕入狱，便把此消息告诉学生。学生们非常气愤，一齐涌向告发人的门口，高呼："打倒民族败类！打倒汉奸！×××滚出大同中学！"事后，全体罢课。这个告密人被迫乘黑夜偷偷地溜回了老家。

又一天夜里，县警察局突然包围了学校，把教务主任傅铭第逮捕入狱。几天后校务主任王衡儒和受牵连的河南大学学生苗化铭也被秘密抓进狱中。为了营救被捕者，全体师生签名"联保"，上省教育厅请愿，给受迫害的老师送衣送钱。王衡儒在狱中对看望他的女学生岳宪兰说："请转告同学，不要怕，我们抗日无罪！我在这住几天不花钱的房，吃几顿不掏钱的饭，没什么了不起！"这种置生死于度外的精神，使同学们深受感动。

王毅斋校长闻讯后，从河南大学迅速返杞，严词指斥反动当局："你们逮捕我的教员，就是破坏教育！"通过各种形式的斗争，终于取得胜利。被捕者回校时，全体师生敲锣打鼓，燃放鞭炮，列队到城外迎接。

"七·七"事变前后，部分师生离校，奔赴延安或参加八路军和抗日决死队。解放后任新华通讯社社长的穆青，就是这年9月从大同中学奔赴山西，参加革命工作的。

杞县私立大同中学为抗日战争作出了贡献，据不完全统计，先后共有师生一百六十多人参加抗日队伍。为抗日光荣牺牲、被人民政府追认为烈士的有：教师梁雷、赵伊萍、傅孤侣、刘伯泉(校董)、高致远等;学生有杨侠生、张惠然、邢玉栋、萧广润、吴芝远、赵森林、任凤瑞、王雨琴(女)、何汝顺(女)、于合长、张国安、李树申、李中华、李尚青、唐远岑、赵荣章、李玉苞、郭金榜、王孝纯、杜豪杰、王仲虎、刘清波、张崇礼等,共二十八位。

范文澜书斋堂联

邢治平

著名学者范文澜 (1893—1969), 于 1936 至 1938 年期间, 曾任河南大学文学院文史系教授。当时,他在住所书斋中悬一堂联,用以自勉。联云:

板凳要坐十年冷,
文章不写一句空。

意为研究学问应持之以恒,不能朝三暮四;著述须言之有物,不应滥发空论。这一堂联正是他刻苦钻研文史的自我写照。他在河大任教时,无论寒冬炎夏,均孜孜不倦地读写,从不虚度光阴。他主讲过《中国文学史》、《文心雕龙》、《群经概论》、《中国上古史》等课程。文史兼长,学识渊博,同学们无不感佩。他虽然坚持“板凳要坐十年冷”,但决不是关门死读书。在“七·七”事变发生后,为了宣传抗日救亡思想,他曾与哲学史家嵇文甫创办《风雨》周刊,与清史专家萧一山创办《经世》半月刊,并为河南青年举办抗战讲习班,以推动抗日救亡运动的深入发展。

1936年,范曾编纂出版《文心雕龙注》(开明书店出版)。1939年底,在离开河南到延安参加革命后,编著《中国通史简编》。全国解放后,该书经过增订,分为六册,命名为《中国通史》,由人民出版社出版。这些文史巨著的问世,都是他研究学问能持之以恒、不发空论的结果。

范文澜在河南大学

王华农

民国二十五年(1936),范文澜由北京到开封,就任河南大学文学院教授。先后开过《中国上古史》、《文心雕龙》、《群经概论》及《中国文学史》四门课程。由于教学中有自己独特见地,很受学生欢迎,尤以《文心雕龙》这门课程为最,他对该书的研究,早享盛誉,其在上海开明书店出版之《文心雕龙注》,被认为是当代研究《文心雕龙》的权威著作之一。在范任教之前,这门课程,河南大学从未开过,因此不仅文史系学生争先选读,连外系学生也跑来旁听。那时,上课地点在七号楼三楼最南的一座大教室内,总是座无虚席,有时三人挤在二人座位上。此种盛况,至今难忘(当时我在河大上二年级)。范先生是浙江

绍兴人,家乡口音很重,初时有些学生听不懂,但听过几堂后就渐渐习惯了。刘勰的《文心雕龙》是一部相当难懂的书,范先生深入浅出的讲解,使学生对刘勰所建立的文学批评体系、文学作品各种体制源流等,都有较为明确的认识。他对刘勰所强调的文学社会功能及作家品格情操,常常有意突出,引申发挥,向学生灌输进步思想,尤为难能可贵。

范先生在河大任教时, 住在游梁祠东街,常有学生前往求教。对来访求教者,他无不亲切接待,除耐心讲解求教问题外,有时还谈些别的话题,无拘无束,一点也没有某些名人学者的架子。

范文澜先生的早餐

王碧岑

1937 年暑假我从青岛山东大学毕业离校时,我的毕业论文指导老师台静农先生,托我给在河南大学文史系任教的范文澜先生带封信。

我在开封游梁祠街范的寓所见到先生,进行了短暂的交谈。1938 年春,我迁移到舞阳县的省立安阳高中教书, 范带领的河南省战时教育工作团也辗转到了舞阳。他下榻安阳高中,住在学校后院总务处一间杂乱的小屋里。一天早饭后,范先生从街上回来,手里拿着一个小包缩在

袖口里，进了我的住室。我问他是否吃过早饭，他说："还没有，我已经买了吃的东西。"他把小包放在桌上，微微一笑，说："这就是我的早餐。"他把小包打开，我看到的竟是两三小块煮红薯，心里立刻涌起一阵怜惜之情，我说："您那么大年纪了，一顿饭仅吃几块凉红薯是不行的！""可以，可以，习惯了。"范先生毫不在意地边说边吃起来。我转身跑到厨房，给他盛来一碗稀饭。从此，我更加敬佩先生了。一两天后，当地驻军关麟征部竟对先生和他的战教团下了驱逐令，并指使县政府不给提供任何交通工具。范先生气愤得对着全体团员失声痛哭。嗣后听说他到了中共竹沟根据地。

黎锦熙的书法特点

信应举

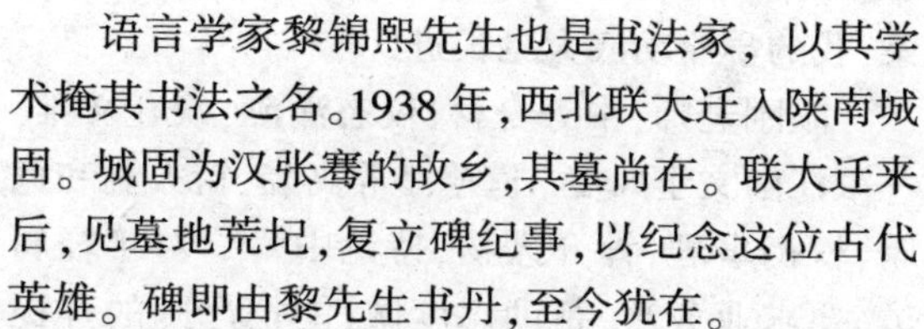

语言学家黎锦熙先生也是书法家，以其学术掩其书法之名。1938年，西北联大迁入陕南城固。城固为汉张骞的故乡，其墓尚在。联大迁来后，见墓地荒圮，复立碑纪事，以纪念这位古代英雄。碑即由黎先生书丹，至今犹在。

平时不少人向黎先生求书。先生为人作书，不管大字小楷，横联竖幅，均同时加写注音符号，因先生一生以推行国语运动为己任，以此扩大国语之影响。先生所写注音符号亦秀丽异常，自成艺术，与其书法交相辉映，可谓连璧双美。

我与顾颉刚

魏青铓

1934年，我在南京女子法政学校读书时，利用学余时间，草成《汲县今志》七万余言，后经删削、杀青，邮呈我平素爱读的《禹贡》月刊。主编顾颉刚先生接阅甚喜，特乘南下之便，到女子法政学校看我，并约我为《禹贡》撰稿。自是我尝默认自己为顾先生的私淑弟子。

"七七"事变后，我辗转流亡，驻足巴县。顾先生当时在重庆，执教中央大学，又创办《文史杂志》。我与顾先生后方重逢，倍感亲切，不久先生即聘我为该刊的责任校对，与史念海、顾自珍(先生次女) 等共同在先生指导下工作，耳濡目染，我的学业功底大见长进。

颉刚老师，中等身材，仪态潇洒，谈吐文雅，一派江南文士风度。道德修养高尚，待人温和宽厚，权衡事理，评介人物，持论中肯。对年轻属员，要求业务严，帮助态度诚，能把严师的耳提面命融解于寻常的谈笑中。当时大敌当前，日机狂轰滥炸，动辄血肉横飞，不测之祸，朝夕难料。在生死关头，寻声社同仁们挟着手稿，或躲入防空洞，或伏于巨石后，只要情况许可，便托着纸夹奋笔疾书。也就是在这种特殊的环境里，同仁们在编好刊物的同时，还利用各种间隙，集零为整地拼凑时间，向文化进军。先生这时标点了《二十四史》，我参加了标点《明史》的工作，并写出二十万言的札记。

当时我曾抱独身之想，以荆钗布裙为例，装束朴素，欲做不削发的女僧。直到三十八岁，经顾先生作伐，才结了婚。曩年的生活逝波和特殊精神境界，今日想来，回味无穷，真不胜其追恋和神往。

慈禧、光绪关林挂匾

刘耀德

庚子(1900)之变后，慈禧、光绪回銮到洛阳，9月19日到关林游览，参拜了关圣帝君。关林是汉将关羽之墓，位于洛阳城南七公里处，北临洛河，南望龙门。封建时代帝王之墓称“陵”，圣人之墓称“林”，关羽和孔子并称，故有“关林”与“孔林”相对称。

关林建筑风格与北京故宫相仿，沿中轴线，有大门、仪门、大殿(文殿)、二殿(武殿)、三殿(春秋殿)、石坊、坟墓。四周林木苍翠，其中龙头柏、凤尾柏、升天柏独具风姿。“关林翠柏”被列为洛阳八景之一，东西长廊陈列有东汉以来五百余件珍贵石雕和碑刻。

慈禧是一个权欲极浓的女人，办事情总想出人头地。在河南知府文悌朝见时，她听文悌讲：乾隆帝在巡幸中州时，曾到关林晋拜关羽，所题匾额，至今还悬在拜殿里，受后人称颂。

慈禧听后，思忖了一下，斜看了光绪一眼，说：

“皇上，明天咱们到关帝庙去瞻礼拈香，对关圣帝也应有所表示！”

“是的，儿臣谨遵皇额娘御旨。”慈禧就对文悌说：“准备三块匾额候用。”

在19日正当午时，慈禧、光绪一行从龙门赶到关林。在鼓乐的吹奏下，鞭炮齐鸣，三块横匾相继悬挂起来，慈禧题的是：“威扬六合”，“气壮嵩高”；光绪题的是：“光照日月”。这三块匾，至今还悬挂在关林的仪门、拜殿和二殿的门额上。

洛阳关林“一绝”

刘耀德

洛阳关林庙内有一奇异的碑石。

此碑存放在关林庙后门左侧下方，起名“关林诗竹”，是明朝弘治年间的存石。如果人们不仔细揣摩，只竖着去看，在碑石上似乎刻的是两棵挺拔的翠竹；如从右到左横向端详，便会发现它是由五层竹叶组成的一首诗。

第一层是“不谢东君意”，第二层是“丹青独立名”，第三层是“莫嫌孤叶淡”，第四层是“终久不凋零”。碑的右上角刻有“汉寿亭侯印玺”。

据介绍，这首诗是歌颂关云长“身在曹营心在汉”的忠贞故事。

第一句的“东君”，指的就是曹操，是东道主的意思。因为关云长被困曹营，曹操以上马金、下马银、三日一小宴、五日一大宴的手段拉拢收买关。但关不忘刘备，对曹操的良苦用意，并不放在心上，所以第一句就说“不谢东君意”。第二句“丹青独立名”，是说关云长要保留对汉朝的忠贞，绝不降曹魏。第三、第四句是说关身困曹营，但他的心永远向汉，就像一片淡淡的竹叶，永不凋谢。

这块诗竹碑，刀法熟练，作画逼真，既有竹之风韵，又有古诗的含蓄，可为关林庙内的文物之一绝。

慈禧删改“古汴名蓝”

陈雨门

冯玉祥主豫之前，开封相国寺大雄宝殿佛龛悬有竖匾，上书“古汴名”三字，人们多不悉其用意何在。有竹枝词云：

御笔亲题“古汴名”，名谁名甚未书明。

龙睛不点恐飞去，留与后人细品评。

据传，此处悬匾本为乾隆御笔“古汴名蓝”四字。庚子岁，慈禧太后蒙尘奔西安，回京路过开封，曾随喜相国寺，见所悬“古汴名蓝”，不悦。对随从大臣曰：“用‘古汴名’可矣！”该寺主持遂将“蓝”字铲去。嗣悉：慈禧乳名“兰”，“蓝”与“兰”谐音，亦应避讳。诗后两句，非寻常语，乃警句，有含蓄，耐咀嚼，不可不察。

千唐志斋

张盛智

“千唐志斋”以珍藏唐人墓志千余块而得名。它位于河南省新安县铁门镇，系张钫于1918年修私邸蛰庐花园时所兴建。

章太炎在给“千唐志斋”题额时，跋云：“新安张伯英，得唐代墓志千片，因以名斋，嘱章炳麟书之。”这就是“千唐志斋”名称的由来。

张伯英，名钫，世居铁门镇。早年参加辛亥革命，曾任国民政府军事参议院代院长等职，解放后任第二届全国政协委员。生平酷爱金石字画，在修建蛰庐花园时，特开挖拱形砖圈窑洞十五孔，洞之四壁，镶嵌他从各方罗致而来的唐代墓志石刻一千一百九十三件，加上晋、宋、元、

明、清历代墓志、书画、造像等石刻总共一千三百七十四件。这对研究唐代历史是极为宝贵的实物史料。

这里有许多珍品，如唐狄仁杰的《相州刺史袁公瑜墓志铭》及虞世南、褚遂良、颜真卿、柳公权的书迹；南朝宋王弘、北宋米芾、明董其昌、清王铎、郑板桥、近人康有为所书楹联、题额，章炳麟所书古篆题额、对联等。米芾的行书对联尤其引人注目："瘦影在窗梅得月，凉云满地竹笼烟。"书体流畅，气韵不凡。号称"扬州八怪"之一的郑板桥所画并亲笔题咏的一组风、雨、阴、晴竹枝屏扇，以及一幅名曰《醒》的单幅写竹："昨夜春雷平地起，儿孙都愿上青云"，也很令观赏者神往，十分珍贵。

河南省文史研究馆现存有"千唐志斋"石刻拓片一千一百件。

蒋介石问少林寺为何出名

刘梦成

1936年11月3日，蒋介石在洛阳庆祝五秩寿辰后，乘兴赴登封游览嵩岳、少林寺等名胜古迹。陪同前往的有侍从室主任钱大钧、河南建设厅长张静愚、洛阳专员王泽民、登封县长毛汝采及新闻记者，还带了一个风水先生。大家在峨岭口分乘二十五顶轿子登山。少林寺位于登封县城西北十五公里的少室山阴五乳峰下，建于北魏太和十九年(495)。印度僧人菩提达摩广集弟子在此首创禅宗，并将健身心意拳发展为少林拳,僧徒最多有千人以上。楼台殿阁五千多间,成为驰名中外的大佛寺。

蒋在登山途中向毛汝采询问情况，毛徒步随行,一一作了说明。蒋问到少林寺的来历,为何如此出名,经久不衰?毛答:“据清初本地人景东阳的《说嵩》中说:少林,少室之林也。因寺建在嵩岳少室山麓,故名少林。至于少林寺驰名中外,经久不衰,一因印度高僧达摩来我国即在少林坐禅面壁,佛教公认是禅宗祖庭;二因少林寺有闻名全国的武术流派，在我国武术史上占有重要地位，特别是少林僧众，历经疆场为国效力,历代文人名流均有诗文记述;三因少林地处嵩岳,风景幽美。”

蒋到少林寺下轿，毛又连忙介绍康熙帝御书“少林寺”大门横额。僧众列队迎接,方丈引导顺序参观。蒋对大雄宝殿前达摩一苇渡江图碑、天王殿东唐太宗(李世民)赐少林寺主教碑上十三和尚救唐王的经过和李世民亲笔签名，以及五百罗汉壁画(相传是唐吴道子笔绘)极为赞赏。在演武厅观看了和尚武术和气功表演，蒋深为高兴,当场赏给和尚一千元。毛看蒋游兴甚浓,特别述说了少林和尚救唐王后的发展情况,以及民国十七年(1928)在石友三部队炮击下少林损毁惨状，和当时妙兴方丈被迫率僧众千人逃往广东的遭遇，并说明近代流落在港、澳卖艺者，多为少林和尚。蒋听后频频点首，对少林寺之游，颇为满意。

蒋介石游览中岳庙

刘耀德

1936年11月3日，蒋介石在众多的卫队和随从簇拥下，由登封县长毛汝采陪同，观看了少林寺，当晚就下榻登封县城。

次日早饭后，蒋介石等来到登封县东四公里处的中岳庙游览。中岳庙位于嵩山脚下，原有太室阙，始建于秦代。汉武帝于元封元年(公元前110年)游览嵩山，令祠官加以扩建。北魏改称中岳庙。庙房四百余间，为五岳中现存规模最大的古代建筑群，内有天中阁、峻极门、峻极坊、中岳大殿、寝殿等，建筑精美。历代碑碣林立，以北魏著名道士寇谦之书写的中岳嵩山高灵庙之碑最为名贵，是古代书法艺术珍品。当蒋介石一行游到中岳庙内中岳王的寝殿时，看到寝宫的床上，躺着一尊木刻的、穿着金丝镶花缎袍的男神像，在男神像的床边，还坐着一尊穿同样颜色衣服的女神像。蒋介石感到稀奇，就问毛汝采："这是怎么回事？有什么说道没有？"见蒋介石这样一问，爱显示自己才能的毛汝采，就滔滔不绝地介绍说:“据传说,武则天来游中岳庙时,看到中岳王是一个没有家室、孤零零的独身男子,她觉得这样安排中岳王的生活没有人情味,使他过于寂寞。为了排解中岳王的孤独寂寞,武则天特意给他封赐了这位夫人,并赐名为‘天灵后’。”蒋介石听了毛汝采这样有趣的介绍,没说什么,面孔微微显出笑容。

白马寺门前的石马

刘东周

我国佛教第一座古刹白马寺大门前,有一对石马,在游人心目中,这对雕琢细致的石马,一定是东汉建寺时或者隋唐的遗物,其实不然。

1932 年“一·二八”淞沪战争爆发,南京国民政府匆匆迁往洛阳。国府主席林森、元老张继喜好文物古迹,在洛期间,常微服游览,在东大街古玩店观赏各种出土文物,同时结识了洛阳金石家郭翰岑先生和上海《时事新报》驻洛记者洛阳人杨依平。当国民政府还都南京时,张继以十元大洋交给杨,要他转交郭翰岑先生,并望他协助郭将石马凹(离白马寺不远)北宋驸马都尉魏咸信墓前的一对石马移至白马寺。经过郭和白马寺主持德浩和尚等人的努力,这对雕琢典雅的石马,才竖立在寺院的大门前。

太昊陵

张盛智

太昊陵位于河南淮阳县城北三里许的蔡河之滨，为传说中的伏羲氏陵地。陵区规模宏大，面积达八百七十五亩，是一处金碧辉煌的宫殿式古建筑群。建于明代，清代重修。现存午朝门、道仪门、先天门、统天殿、显仁殿等。传说太昊伏羲氏与神农氏、燧人氏合称远古三皇。伏羲在位一百一十五年，曾教民结网捕鱼，从事耕牧，并制作八卦。今淮阳城内尚有一方圆十余亩的伏羲画八卦土台遗迹。传说伏羲在蔡水中捕获一只白龟，便在土台前掘池喂养，每日临视。久之，从龟甲的纹络发现其中奥秘，因而画出八卦。

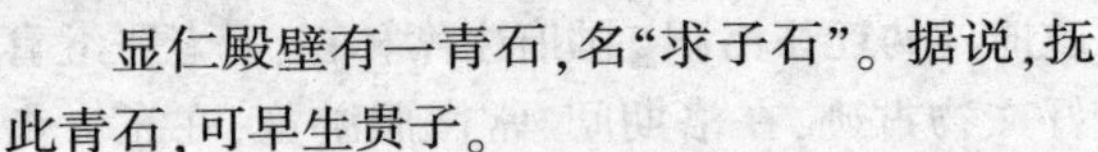
显仁殿壁有一青石，名“求子石”。据说，抚此青石，可早生贵子。

每年农历二月初二至三月初三，这里有庙会，方圆数百里群众云集于此，烧香拜祖，抚石求子，甚是热闹。现在陵园内古木参天，奇树很多，特别值得一提的是，园林工人将松、柏、柳树等修剪成塔、虎、羊等各种姿态，更别具情趣。

薛笃弼保护相国寺千手千眼观音

袁　蓬

开封相国寺为千年古刹，寺内珍贵文物颇多,其最著者为八角琉璃殿中之千手千眼观音雕像。此雕像四面相同,每面有大手臂六,小手臂二百余,每只手掌中皆画一只眼,表示佛法无边、慈航普渡之意。雕像高达七米,周身贴金,为乾隆年间用一株完整的大银杏树干雕成，见者莫不赞叹。1928年冯玉祥之国民革命军第二集团军驻豫时,曾发动废除寺庙、驱逐僧道、捣毁神像运动。汴垣文化界人士担心珍贵文物毁于一旦,相商之后,由当时任省政府建设厅第四科科长的陈慰儒面见代理省主席薛笃弼,说明欧美各国皆重视文物之保存，千手千眼观音雕像属于艺术珍品,与迷信有别,决不应损毁。此时相国寺之五百石罗汉像已被打碎，千手千眼观音由于外饰黄金,人们正考虑熔取办法,尚未动手。薛笃弼接受陈慰儒意见,立即下令不准毁坏,故千手千眼观音像得以保存。此事经过,在省文史馆馆员井俊起自订年谱手稿中有所记载。

避讳与河南地名

林从龙

避讳，是我国特有的一种历史现象。封建皇帝为了显示自己的尊严，对于他和他祖宗的名字，既不准说，也不准写。不管是人名、地名、物名，只要是与他们名字中的一个字相同或读音相同的，就得回避，改用其他的字。据《宋史·太祖本纪》载，赵匡胤刚立国称帝，就急忙下令“改天下郡县之犯御名、庙讳者”，可见封建皇帝对于避讳是十分热心的。当然，避讳并不是赵匡胤的发明，溯其渊源，它始于周秦，继以两汉，盛行于唐宋，延续到明清，前后折腾了两千年之久，不但使当时的人们说话写字都要慎之又慎，而且为我们今天阅读古史、古地理方志或古典文学带来许多不必要的麻烦。从河南一些地名的更迭中，就可看出避讳这种历史现象的缩影。

开封，战国时名大梁，又名启封，是魏国的都城。《云梦秦简·大事记》中说“秦昭王二十二年攻启封”，指的就是开封。司马迁写《史记》时，因避汉景帝刘启讳，改“启”为“开”，遂名“开封”。以后随着朝代的更迭，开封又被称为汴州、东京、祥符……，与开封这个本名并存不废。

兰考，原为兰封和考城。兰封，金以来一直

称兰仪，到了清末，因避宣统帝溥仪讳，将“仪”改为“封”，叫兰封。1964 年，兰封、考城并为一县，称兰考县。

禹县，古称阳翟，相传为夏禹所都，有钧台，即今钧瓷产地神垕镇。金世宗时置钧州，这个称呼沿袭到明朝，因明神宗名翊钧，就改钧州为禹州。1913 年又改称禹县。

杞县，古称杞国，又称雍丘国，秦置雍丘县。因金世宗名雍，便改名杞县。

光山，汉为西阳县，隋改为光山县。因金太子名光瑛，就把光山改名期思。后来又称光山县。

南乐，西晋时为昌乐县，因五代时后唐庄宗李存勖的祖父名国昌，把昌乐县改为南乐县。

内乡和中牟。内乡系秦时所置，当时叫中阳县，中牟系汉时所置。隋文帝杨坚登位后，为了避他父亲杨忠的讳，凡“中”字都改为“内”字，中阳县也因之改称内乡县，中牟县改称内牟县，唐初才复名中牟。

靳云鹗在信阳

夏佑民　信应举

靳云鹗是吴佩孚的部下。段祺瑞执政时，他哥哥靳云鹏当总理，他任第十四师师长，住信阳鸡公山。鸡公山在河南、湖北交界处，是我国有名的避暑胜地。山虽不高(不足一千米),然峰青峦秀,别有佳趣,每至盛暑,虽炎日若火,而此处却凉爽如秋。民国初年,外国人到此买山筑屋以避暑者甚多。座座小楼,掩映于众峰之间。如此胜地,竟让外人占尽风光。靳云鹗盘据河南南部,见此情景,气有不平!他招集数百工人,在鸡公山山顶上劈山凿石,建起一座全部大理石的平顶大楼,叫“颐庐”,又名“争气楼”。靳虽有争气之心,其建楼之资却是出自民脂民膏,是为维护他的统治服务的。大楼下有几十间平房,是十四师军官子弟学校校舍,叫“颐庐学校”。他凭借驻信阳城的周汉臣旅、驻漯河的陈文钊旅,把当时豫南道所辖二十七州县县长、警察所长、税局局长的升调权全操纵在自己手里。

他经常坐着兜子(二人抬竹椅),在信阳、漯河两个旅之间往来,校长、学生跟在护兵、马弁后边迎送。他还制订了一个“训歌”,什么“盘中粒,粒粒皆辛苦,……”叫学生每天背诵。他常向学生训话,讲他幼年如何到亲戚家借了一吊大钱(一千个有孔的制钱)、跑了一千里到小站(天津袁世凯练兵的地方)当兵的情景。常说“无论什么时候,我想用钱,用多少就有多少!”兴高采烈,乐不可支。

这个鸡公山王,独霸一方。挑柴卖草的都怕撞着靳云鹗的兵,而地方士绅、豪门政客、奸商恶霸乃至流氓混棍,则又日夜竞逐,用各种方式吹捧他,奔走在他门下。1928年北洋军阀倒台后,其气焰也开始有所收敛。

林则徐祥符堵口

王质彬

道光二十一年(1841)七月,禁烟、抗英有功的林则徐,以莫须有的罪名受到发配伊犁“效力赎罪”的处分。接到谕旨的次日,林即告别浙江海防要地镇海,踏上了充军边疆的万里行程。

林则徐行至扬州时,传来了黄河于六月十六日在河南祥符(即开封)县张家湾决口的消息。由于河官及地方大吏抢堵不力,黄水直冲省城,多数街道水深丈余,官署民舍倒塌无算。身任河道总督的文冲束手无策,力主将官署迁往城外高处避患。河南巡抚牛鉴慌作一团,跪泥淖中号泣，大呼百姓助我。黄水越过开封后，横扫河南陈留、通许、杞县、鹿邑、睢州、柘城及安徽一些州县，大地一片汪洋。面对如此严重的形势，清廷大为震动。从六月三十日起，道光帝连下三道敕令，除命文冲迅筹防止水灾扩大办法，并派大学士、军机大臣王鼎亲往河南总理河工外，又下令精于治河的林则徐“折回东河效力赎罪”。林接旨后写了以下七律：“尺书来汛汴堤秋，叹息滔滔注六州。鸿雁哀声流野外，鱼龙骄舞到城头。谁输决塞宣房费，况值军储仰屋愁。江河澄清定何日，忧时频倚中宣楼。”既愤英军入侵，又悲黄灾蔓延。

八月十六日，林则徐到达开封。他不顾长途跋涉的疲劳，立即搬至工地，协助王鼎办理堵口事宜。当时伏秋大汛将过，林建议抓紧时机，组织人力，筹集料物，并与有经验的老河工研究确定：在口门东西各筑正坝、上边坝、下边坝三道，从两端向中间进堵；同时开挖引河千余丈，分流回归故道。他和从前在各省修水利一样，风里来，雨里去，和民夫一起坚持在工地上，患病也不休息。至十二月底，在他的具体组织下，东西两坝及引河工程已完成大部，虽曾一度跑埽十余丈，经奋力进堵，终于在道光二十二年二月初七合龙成功，逼使黄水全部重回故道。

堵口将近完成时，王鼎上奏皇帝，以“林则徐襄办河工深资得力”，要求免予充军。但道光帝当时已被侵略军吓破了胆，怕留下林则徐对媾和不利，仍然令他充军伊犁。

"柳园口吸水机记碑"断碣

王华农

1983年,黄河柳园口发现"柳园口吸水机记碑"断碣,系民国十八年(1929)五月河南河务局长张文炜立。碑刻记载:1928年中原大旱,国民革命军第二集团军总司令冯玉祥令河南河务局赴沪购得虹吸机器,在开封北黄河古渡口——柳园口兴修虹吸工程,挖渠引水,以灌溉农田。继柳园口之后,南岸又在黑岗口安装虹吸机器,灌溉面积继续扩大。此乃在黄河下游利用现代化机器使"害河"变"利河"之肇始。据附近居民中之老者谈,冯玉祥当年曾数次视察虹吸工程,他关心人民疾苦,为中原百姓办了一件大好事。

陈果夫兄弟与黄河

王质彬

1938年建议掘开黄河大堤的是谁?一直众说纷纭。其实,最早建此议者不是别人,而是国民党中常委陈果夫。

1938年4月13日，陈果夫根据敌我形势，提出在河南武陟掘开黄河堤坝，使河水向东北沿卫河、漳河泛滥，以阻日军的建议。他在致军事委员会委员长蒋介石的信中指出："台儿庄大捷举国欢腾，抗战前途或可从此转入佳境。惟黄河南岸千里，颇不易守，大汛时且恐敌以决堤制我。我如能取得武陟等县死守，则随时皆可以反攻制敌。盖沁河口附近，黄河北岸地势低下，敌在下游南岸任何地点决堤，只须将沁河口附近北堤决开，全部黄水即可北趋漳、卫，则我之大厄可解，而敌反居危地。敌人残酷不仁，似宜预防其出此也。"此信颇受蒋氏重视，阅后批示："电程长官(指第一战区司令长官程潜)核办"，并写了"随时可以决水反攻"字样。其后由于战局日紧，建议在黄河南岸掘堤放水阻敌前进者日多，但蒋仍迟迟不决。直至5月底日军进窥汴、郑，局势危急，才最后掘开了黄河。

1946年春，国民党政府决定堵塞花园口口门，争取7月1日前完成。当时，故道大部已成为解放区，因修复堤防和迁移河道居民均需时间，解放区当局力主先复堤后堵口，反对汛前匆忙堵口，并指斥国民党又一次施展"以水代兵"阴谋。在双方明显不一致的情况下，国民党另一重要官员、陈果夫之弟陈立夫这时却给黄河主管部门写了一信，信中转述了徐邦荣的堵口意见，略谓："黄河自决口迄今，七易寒暑。决口以东至利津为止，南北大堤共长约一千二百余里，险工计二百余处，埽坝三千余段。现秸料腐朽，石坝多遭破坏散失，大堤之上交通沟堑纵横贯通,加以铁路公路横断河身,势非大事浚培修补不克堵口也。否则,堵于上必决于下,堵于左必决于右,即堵一旧口,而又添一新口矣。乌乎可?!……似不若乘此枯河之良机,彻底加以治理之为愈也。”陈立夫在信后虽然只写了“特为转函,即希参考为荷”数字,但可以看出,他认为徐邦荣的意见是对的,不然他就不会转致主管部门了。

周口铁水牛

彭大海

周口铁水牛铸造于清光绪四年(1878),原坐落于周口沙河北岸火星阁码头(即沙河北岸周口大桥西侧)。造形为卧式昂首,文静温顺。经专家测量,其嘴高于上游堤岸的最低堤段,若河水进入牛嘴,沙河定然决口。因此,它是当时记载沙河水位涨落、汛期报警的信物。按照金、木、水、火、土五行生克的说法,牛属土,土能克水,故含有“吞洪镇潮”之意。当时在群众中流传着“铁牛喝水,上游决堤”的民谣,可见铁水牛就是沙河行洪的历史见证。在《天下景》一书中载有“周口有个铁水牛,亳州有个万花楼”的诗句,铁水牛遂成为周口的象征。

黄泛区

王质彬

1938年5月底，日本侵略军逼近河南省会开封,6月初，当时最高军事当局决定全军从豫东向平汉路以西转进，同时决定掘开郑州以下黄河大堤,放水阻敌。6月4日,二十集团军总司令商震奉命派五十三军一个团在中牟县赵口掘堤。5日,因进展迟缓,又加派三十九军一团协助。7日,见赵口掘堤困难,又命驻守郑县的新八师在花园口附近另行掘口。9日上午8时,花园口大堤掘开。次日恰逢河水盛涨,不仅花园口口门迅速扩大,赵口掘堤处也被冲开。从两处奔腾而出的黄水,在中牟县白沙一带汇合,然后又分成数股,沿贾鲁河、颍河、涡河而下,于安徽北部注入淮河。在此后九年中,豫东、皖北、苏北四十四个县、市长期遭受黄水泛滥之苦,出现了一个震惊中外的“黄泛区”。

黄泛区给人民造成的灾难是极其深重的。有一份调查报告对这次黄灾作了这样的记述：“泛区居民因事前毫无闻知,猝不及备,堤防骤溃,洪流踵至,一泻千里,席卷而下,人畜无由逃避,尽逐波涛,财物田庐,悉付流水。当时澎湃动地,呼号震天,其悲骇惨痛之状,实有未忍溯想。

间多攀树登屋，浮木乘舟，以侥幸不死，因而仅保余生，大都缺衣乏食，魄荡魂惊。其辗转外徙者，又以饥馁煎迫，疾疠侵寻，往往横尸道路，填委沟壑。……至于株守泛区者，更是迫于饥馑，无暇择食，每多以含毒野草及观音粉争相充饥，草根树皮亦被罗掘俱尽，……食后面目浮肿，肌肤绽裂，或便秘脱肛，伏地惨呼，……并有以枝掏取腹粪，俾免闭结胀死。蔽体益属鹑衣百结，栖身不外野处穴居，厥状之惨，未忍卒述。因之卖儿鬻女，牵缠号哭，难舍难分，更是司空见惯，而人市之价日跌，求售之数愈多，于是寂寥泛区，荒凉惨苦，几疑非复人寰矣！”

抗日胜利后，行政院对这次水灾作了不完全统计：豫、皖、苏受灾四十四县、市，逃亡异乡者近四百万人，淹死或因水灾病死、饿死者八十九万，财产损失折合银币九亿余元。

新开铁路的修建与拆除

尚学义

1939年至1945年的六年中，从新乡小冀通往开封修了一条铁路,人称“新开铁路”。今新乡七里营至原阳县的公路,就是沿着这条线路修成的。

1938年豫北、豫东相继沦陷,6月蒋介石部队在郑州花园口决堤,使黄河改道。日本侵略者为适应军事和经济掠夺需要,于同年10月由日军铁道工程队开工修建新开铁路，并在黄河故道架设木桥。1939年5月5日建成通车,20日开始营业，先由日军直接管理，后由日资集团“华交株式会社”经营。铁路总长109.859公里，期间建有小冀镇、吕庄、阳武县、太平镇、齐亦集、荆隆宫、大马庄等七个车站。

通车后，不仅便利了日军的频繁调遣，并有利于焦作煤炭经陇海铁路东运日本。六年中通过该线掠夺我国煤炭达五百多万吨，粮食、药材、竹货不计其数。

新开铁路于1947年3月15日黄河花园口堵堤工程合龙前，被国民党当局逐步拆除。

明清时期的郑州衙署

谷在田

明清时期的郑州衙署，俗称“衙门”，始建于唐武德四年(621)，坐北向南，与南城门相对。由于历代战火兵燹，曾经多次修葺。清康熙四十五年(1706)，知州靳治徐修葺的衙署，南起法院街口，北到北城墙，东连清真寺街，西至管城西街，南北长三百余米，东西宽一百五十余米。它的最前面是一座跨街钟鼓楼，为砖石木瓦结构，八柱三间，斗拱飞檐，气势恢宏。站在楼上，整个古城风貌，一览无余。楼下为拱门，可以行人走车。南面两旁，有一对两米高的石狮，雕刻精致，生动威严。鼓楼中部门楣嵌有“国侨旧治”石匾一方，对面为一座五米高的大照壁，上书“承流宣化”四个大字。鼓楼东南方是状元坊，西南方为解元坊。过了鼓楼为甬道，左为申明亭、常平仓、宾馆；右为旌善亭、监狱。走进仪门两旁，有小白玉石狮一对。门内为戒石亭。东西两侧分别是书吏房、捕房、河衙，均为青堂瓦舍，朱门红窗，给人以古朴之感。正中为一座高大的大堂，是官吏坐堂问官司的地方，颇为森严。大堂之后为宅门，称做二堂、三堂，后有偏院、配房，最后是一座风格别致的候月楼。

衙署建筑布局非常严谨，惟几经战乱，房屋多有倒塌。清乾隆十五年(1750)曾予修葺，并为大堂、二堂、书馆，书写“平正堂”、“远宗遗爱”和“退思轩”等匾额。

光绪二十七年(1901)，慈禧和光绪由陕回銮过郑，知州李元桢为迎迓“圣驾驻跸”，曾向民间摊派巨款，又对旧衙署进行了一次维修。为开阔仪门，拆除了甬道的戒石亭。现在，旧衙署已由高楼所代替，原址内只剩一座大堂和两株枝叶茂盛的古槐。

河南最早之妇女团体

王华农

民国二年(1913)，河南最早的妇女团体“女子参政同盟会河南分会”在开封成立，北京总会派会员傅文郁来豫指导。这个参政会旨在提倡女子参政，实行男女平权，改良家庭教育。但当时风气尚未大开，成立大会颇为冷清。一男来宾发言说："女子参政同盟会系民国最伟大之人物孙中山、黄克强所提倡，看今日豫省到会之女同胞甚属寥寥，可见河南女子之学问不及。而男子不提倡，亦难辞其责。现在有个办法，我们男同胞成立一个维持女子参政同盟会，不知道诸位是否赞成？"当时签名赞成者甚众。不久，河南都督张镇芳想收买总会派来之傅文郁，要她放弃反袁斗争，傅拒绝了。她离开封回北京后，猝遭袁之毒手。女子参政组织成立伊始，尚需男子鼎力支持，足见妇女运动初期步履之维艰。

洛阳最早的电影院

王文耕

洛阳最早的电影院，是民国十七年(1928)洛阳县立第一小学校长魏又青所开办，地址在东华街东口的一片空地上。当时我在该校读书，因此印象深刻。那是个露天电影院，只在晚上放映。设备简陋，周围以芦席为院墙。院内正前方为影屏，影院内放置几十张方桌，排列成行。方桌的前面空起，左、右、后三面放着长凳，观众即坐其上，概不对号。放映机是单机手摇，发电机也是原始型的，听说由两人手摇发电。放映的全

是黑白无声片。故事大多根据《江湖奇侠传》、《七侠五义》等侠义仙神小说改编。或飞檐走壁，行踪无定；或群仙斗法，荒诞不经。上座率最高的是上海明星影片公司的《火烧红莲寺》，连续好多集，场面热闹，大人小孩都喜欢看，演主角的郑小秋、胡蝶和夏佩珍因此都出了名。另外，也有一些才子佳人故事片。放映时有的片子拷贝旧，显像不清，还经常断片。每逢这时，卖瓜子、花生仁、山楂串、生萝卜片等的小贩就分外活跃。还有几次，在正中一张桌子上唱“洋戏”(话匣子)，唱片都是上海百代公司灌的京剧唱段。在观众席的最后，正中间摆着两张方桌，名“弹压席”，是专为执行“弹压”任务的军警准备的。尽管电影院设备简陋，却招来了四面八方的城乡观众，有的农民一家大小坐牛车从几十里外跑来开眼界，那盛况在九朝古都的老城可说是空前的。由于不买票的特殊观众越来越多，不到半年就停业了。

邬挺生之死与英美烟公司

赵　岚

民国二十四年(1935)十二月三十日下午三时左右，许昌烟叶公司总经理邬挺生和保镖一起，由许昌西关该公司回城内寓所，到西城门口瓮城时,被人狙击身亡。

邬挺生死于非命,事出有因。

邬挺生字卓然,清光绪三年(1877)出生于浙江奉化县。青年时即投靠英美烟公司,后为高级买办。他善交际应酬,个性骄傲,自视甚高,谄媚洋人,卑视商贩、农民。民国初年,任北洋政府财政部调查卷烟税专员。熊希龄组阁后,任英美烟公司驻北京代表,负责与财政部税务公署联系,贿赂官府。他的活动,深为公司赏识。1913—1918年间,曾两次赴美出席英美烟公司股东会和董事会,密报中国卷烟业情况,为公司拓展业务献策。中外通商条约规定,外商不得在租界外买地建房置产,邬挺生却用中国厂商名义,在北京崇文门大街、杭州闸口和嘉兴等处买下土地和房地产,一再过户,转入外商之手。邬还为他们搜集政治情报,甘当内奸。民国五年,北洋政府改组,邬利用上层社会关系,事先获悉内阁人员名单。1916年7月22日,他写了一份秘密政治情报,面交上海英美烟公司董事柏思德。五天后,柏思德便将邬的信作为副本,报告英伦总公司负责人唐默思。

许昌是闻名中外的烤烟产区。1919年,英美烟公司即设法染指,用上海永安堂买办任伯彦名义,在那里购买土地,兴建收烟场和复烤厂,采用压级压价等手段收购复烤烟叶。1927年国民革命军北伐到许昌,公司被迫撤离。南京国民政府成立后,英美烟公司勾结宋子文等上层人物,千方百计重返许昌,垄断原料基地。由邬挺

生出面，于1933年在英美烟公司卵翼下成立许昌烟叶公司，邬为董事长兼总经理。许昌商绅界对此强烈不满，联名上告，邬上下其手，地方不但未打赢官司，河南省主席刘峙还布告保护该公司。公司一建立就垄断烟叶收购，对烟农压等级，压价格，压斤两。烟农被迫贱价出售烟叶，甚至有破产自杀的。1935年，邬放下假面具，宣布将公司全权交归美籍顾问牛森，会计主任、仓库主任、验烟主任均由外国人担任。股东杨佩卿10月26日在上海《申报》、《新闻报》刊登启事，痛斥邬"丧失国家之主权，损害股东利益，丧心病狂，痛心曷极"。

邬挺生之死，实罪所应得。

县小英杰多

刘家骥

位于河南最南端、大别山深处的新县，是由原光山县新集镇扩建的全省最小的县。

解放前，县城面积不过一平方公里，在街市中心一声呐喊，几乎可以震惊全城。据1949年统计，全县人口仅十四万七千人。

不要看这县小，却以英杰多而著名。土地革命时期，这里曾是豫鄂皖革命根据地的中心，参加红军者甚多，出了不少身经百战的将军。

1955—1964 年授少将以上军衔者四十二人，包括李德生、许世友、张池明、郑维山、萧永银等，有“将军县”之称。

辛亥革命时期，这里也有两位名重一时的革命先行者：

曾昭文(1883—1913)，字可楼。1904 年在日本陆军测量部留学时，即同孙中山、黄克强等交往甚密，是东京同盟会创建人之一，1905 年 8 月 20 日被选为书记 (总理是孙中山)。辛亥革命军起，在上海同黄克强一起带兵西上光复汉阳，黄为革命军总司令，曾为副官长；北洋军反攻，革命军拼死抵抗至弹尽粮绝，黄欲投江自杀，赖曾昭文抱阻，拚战退守到武昌。1912 年孙中山就任南京临时政府大总统时，曾任军需总监。正当英年有为之时，不幸于 1913 年 8 月病逝，殊可痛惜！

刘基炎(1880—1961)，字庄夫。1904 年赴日留学，同黄克强、宋教仁、程潜、唐继尧、曾昭文等组织留日学生革命同志会。1906 年经廖仲恺介绍加入同盟会。1911 年武昌首义，刘回到上海，参加夺取江南制造局之役，任沪军都督府参谋副长(陈其美为都督，黄郛为总长，张群为参谋)。不久，以司令官身份率沪军北伐，在烟台登陆与清军作战。南北统一后，孙中山曾亲临烟台慰问。后因反蒋，颇不得志。抗战期间在河南淮阳作专员兼第七路军司令时，曾掩护中共地下党员王其梅 (后任中共西藏工委副书记)、林亮(第一任中共拉萨市委书记)。建国后任河南省文史研究馆馆务委员，1961 年病逝于上海。

沙　城

刘家骥

开封北临黄河，经历过多次决堤的灾难。道光二十一年(1841)水淹全城，城内水深丈余，只剩铁塔、龙亭等少数高层建筑孤立于浊浪之上。历代统治者治河，均徒有虚名，未见实效。登城四望，惟见瀚海茫茫，稍有风起，便飞沙弥漫，故有“沙城”之称。

1947年12月，作家苏金伞、于赓虞、李蕤、曹靖华、师陀等在此创办的一家文学刊物，即名《沙城文艺》。

1937年春，我在开封第一初中读书。某日上午，忽起大风，霎时间，黄沙扑天盖地而来，一片昏暗，学生无法上课，路人无法行走，市内电灯虽一齐开闸，亦仅微光一点而已。这天，商店皆关门，只有卖风镜的店铺，生意特别兴隆。

沙城之名，诚不虚也。

百家衣

陈雨门

民初，豫东人家，为祈小儿无灾无难，乞求不同姓的一百家，施与零碎布帛，拚而缝之以为衣。据说小儿服之可以致福寿，名曰“穿百家衣”。考其来源有二：一是来自戏曲表演中的状元，大多出身寒微，未中魁首之前，例穿补丁服。江湖语称“富贵衣”，含有先“否”后“泰”和初“贱”终“贵”之意。二是来自僧尼所穿之“百衲衣”，表示小儿已入佛门，受佛保佑，将遇难呈祥，逢凶化吉。又《老婆言》云：“穿了百家衣，能活七十七。”总之，不外为小儿祈福成人之意。

封印过春节

陈雨门

清末开封官衙甚多。有祥符县署、知府衙门，有东司(即藩台，掌财政)、西司(即臬台，管司法)，有南道(即河道道台)、北道(即粮运道台，民国初年改为劝业道，旋改为实业道)，还有品级更高的巡抚衙门。这些官衙均于除夕将“印”置之印囊(木制小型印箱,黄色,盖上刻有“含宝守信”四个古篆体字),另用朱红纸楷书“封印大吉”两小长条,于箱口交缝处交叉贴之。继由主官行香礼拜后,双手捧入内宅,交与正夫人锁之密室。至正月初九开印,复于箱之下部贴上“开印大吉”条。封印期间印有“预印空白”公文纸若干张,非有特急事件(即有时间性的)不得使用之。

封印后,赏公差杂役辞岁酒一席,另设一酌由主官陪同贴身幕僚畅饮辞岁。民国八九年间仍有此习,但在封印时已不磕头礼拜,而改为三鞠躬了。

迎春庙会趣闻

郭久里

迎春庙在古城商丘东关的迎春庙街。庙台高二米,面积约三千平方丈,南北稍长。大殿三楹,禅门三间,后楼两层六间,东西厢房各三间,院中有春亭一个,石碑数通。为明清时代商丘八景之一。庙宇毁于民国十六年(1927)冯玉祥主豫打神拆庙时期。

春来了

春为四季之首,立春这天,东关热闹非凡。

上起官府，下至平民百姓，敲锣打鼓，伴随着唢呐、高跷、狮子、旱船、龙灯、竹马、独杆子轿等民间技艺，齐向迎春庙走来。迎春庙大院的春亭内，有一个茶盅粗细、一米多长的竹筒，打去了内隔，埋在地下，约有尺许露出地面。知县手拿一捏细绒的鸡毛入场，用两根细长的树条夹着鸡毛，塞进竹筒底部，几百双眼睛都集中在竹筒上。因阳气上升，鸡毛便徐徐升起，飞出了竹筒，这说明春天已经到来。于是庙内锣鼓喧天，鞭炮齐鸣，载歌载舞，一片欢腾。这大概就是豫东民间迎春的习俗。

打春牛

在迎春庙的另一端，拴着一头又肥又大、佩带红花绿柳的春牛。老道长解去拴牛的缰绳，春牛想要跑开。人群拥上前去，七手八脚，棍棒齐下，从远处听，好似春牛在哞哞直叫。转瞬间，春牛皮毛乱飞，骨肉分离，人们各抢去一块，有的拿在手里，有的扛在肩上或装在袋里，有的干脆当场吃掉。据说，春牛一身都是宝，带在身上免灾，吃到肚里免病，埋在地里五谷丰登。

原来这春牛是一头经过装扮的纸牛。立春前，从农历腊月二十日开始，老道长就组织人员装点春牛。道士与道姑们走街串巷，到处化缘，收集大量的年关食品如糕点、糖果、大馍、菜馍、饺子，还有面花炮竹、蜡烛、头花、绣鞋以及散碎钱币等，都装在春牛的肚子里，以供“打春牛”之

用。豫东一带管立春叫“打春”，这也许是来自“打春牛”的习俗吧。

县长扶犁春耕始

立春这天，知县穿戴整齐，坐着轿子，带领三班衙皂，来到迎春庙，主持迎春大典。民众打春牛的时候，知县手扶犁把，吆喝着已套好的耕牛，开始犁地，以示对春耕的重视。民众纷纷跑过来观看。这位县太爷若不会犁地，就会引起阵阵大笑。知县犁地通常只犁两个来回，至今还流传着这样的谚语：“县官犁地，一来一往。”犁地之后，知县宣告：“春天到了！春耕开始了！”他号召广大农民犁田、耙地、施肥，种好庄稼，争取一个好收成。讲话后，便是游行。知县坐轿在前，民众在后，锣鼓鞭炮齐鸣，各种民间文艺一齐出动。与会的人群前挤后拥，出了庙门，走向东关大街，进东门到大隅首，再往南、往西、往北分路前进，四散而去，各自还家，准备春耕生产。每年二月十九日，迎春庙还有盛大的庙会，进行牲畜、农具和日用百货的交易，以应春耕大忙季节之需。

滑县之灾

李骏轻

滑县自1933到1937年的五年间，年年天灾为害，愈演愈烈。前两年黄河决堤，洪流直冲滑县境；第三年淫雨成灾；第四年旱魃为虐，蝗虫作祟；特别是第五年，即1937年，风灾之后又有涝灾及地震，为害较前几年更大得多，流亡塞途，饿殍遍野，惨不忍睹。风灾时，我曾有诗咏其事。

大风起兮沙飞扬，天昏地暗兮日月无光。
忽拔木而倾屋兮，甚于洪水茫茫(前三年水灾)。
麦苗枯槁兮，早秋亦受伤。
叹灾害之重椤兮，水旱与风蝗。

野无青草兮，民鲜盖藏。

乞丐成群兮，尸满道旁。

惜郑侠之不多见兮，谁绘灾黎之流亡！

岂斯民之劫兮，抑天道之反常。

吁嗟乎苍生待救兮，共仰慈航。

倘拯吾民以仁浆兮，功德实山高而水长。

这年的风灾，发生在4月11日(旧历三月初一)。狂风终日，全县麦苗均被打死。灾后，当道仅发放面粉数百袋，且姗姗来迟，赈款更为数寥寥，杯水车薪而已。

风灾之后，又继之以涝灾和地震，全县灾黎数达五十余万。啼饥号寒之声处处皆闻，鸠形鹄面之貌，村村可见。整个滑县，不啻人间地狱。

这次涝灾，始于7月1日及2日的大雨，接着四十余天，天天阴霾蔽日，时有大雨、暴雨。雨大时，平地积水如汪洋，田野全被淹没。8月10日又突来地震，遭水浸的房屋倾圮者竟达十余万间之多。加之淫雨成灾，河道决口，洪流泛滥，致使全县一千三百余村无村无水。未被大水冲走而活下来的人，或栖于塌屋之上，或构木为巢，或挤在高岗土丘上，风餐露宿，兼日不得一食。

这次灾后，地方人士也筹款办平粜米或救济粮，但真正发下的极少。不久，即“七七”事变。日军侵占滑县之后，到处杀烧劫掠，滑县人民受到的灾劫更为惨烈了。

白杨镇雹灾纪实

买健吾

1934年农历八月十一日下午二时许，宜阳正北天空出现一块红边黑云，飞箭似地直逼白杨镇。一声巨响，电闪雷鸣，大雨倾盆，冰雹如乱石落地，大的像馒头，小的如鸡蛋。将近两个小时，云散天晴，沟渠水涨，冰雹成堆。据当地老人讲，从未见过这样大的雹灾。举目四顾，树无枝叶，房无全瓦，家禽牲畜伤亡惨重，飞鸟野兔尸体遍地，除红薯外，其他秋禾几乎荡然无存。白杨镇民被冰雹打死者，计有蔡书亭、蔡志兴、蔡灵合、蔡四娃、蔡标之妻女等六人，打伤者为数更多。受灾面积只限于白杨镇西半部至东庄村以东，方圆十里左右。斯年我十五岁，如今回想，灾情还历历在目。

我所见到的蝗灾

郑中华

1942年，河南省发生严重蝗灾。我的家乡唐

河县属重灾区，那年我正上小学。7月的一天早上，父亲突然从外面回来说："不好啦，北地过蚂蚱(即蝗虫)。"我跟着父亲和祖父、伯父，连忙朝村西北我家那块玉米地里跑。一出村子，就看见北边天空灰蒙蒙的，大群蝗虫雪片似的在空中飘飞。再往地里一看，庄稼上落了很多，有的绿豆秧被压弯，玉米叶子被啃得豁豁牙牙。大家都被这突如其来的灾害惊呆了。到下午，飞蝗更多，像刮大风似的呼呼响，在空中盘旋着。田间地头，到处是惊慌的人。我祖母跪在地上，一边烧香，一边喃喃地说："蚂蚱爷呀，你行行好……。"

大概过了两天，又传来一条坏消息，北边发现了"土蹦子"(没长翅膀，只会跳不会飞的蚂蚱)，乡政府通知老百姓都到那边去逮，每人每天得交二十斤。父亲把我带去作帮手。去时带了一条小床单，我俩一人用手撑起一头，像在水中网鱼一样，不停地用单子在路上拉来拉去。

蝗虫过后，第二年春荒十分严重。一出农历正月，很多人家就都没粮食吃了，只好用树叶充饥。开始把椿树上的嫩叶摘下来，煮熟后用水漂漂吃。因为臭椿叶子有毒，有的人吃后脸肿。接着吃柳叶、榆钱、榆叶和槐花。后来又把榆树皮剥下来晒干碾碎，掺上糠做成糠窝窝填肚子。有的人吃多了拉不下大便，急得哭爹叫娘。能吃的树叶树皮吃光后，就吃麦苗、豌豆苗。无地少地的农民只好卖儿卖女，出外逃荒。城镇里饥民、饿殍到处可见。这样的情景一直持续到当年麦收。

当年"卖人市"

张海明

别廷芳统治内乡时期,马山口集有个"卖人市",我曾在那里目睹过这样一幕惨剧。邓县赵集北一个农民叫何玉周的,全家逃荒到马山口,在街南头路口卖馍为生。那天下午,从西向东过来一个年约三十五岁的中年人,蓬头垢面,拉着一个五六岁的女孩,怀抱一个两三岁的男孩,有气无力地走着。走到老何家的馍摊前说:"大哥,你这馍是卖的?"老何应了一腔,这中年人就拿了个四两重的馍(当时十六两一斤),一掰三份,给自己和两个小孩各一份。吃完之后,又拿了两个馍,一个给男孩,一个自己拿着,他乘老何不备,抱起男孩就向东跑。老何以为是抢馍的,丢下活计就赶。那中年人边跑边扭头说:"大哥,你别赶,赶上我也没钱给你,我把闺女送给你抵馍钱。"老何一听,不再追赶,并说:"老弟,要是这,馍钱我不要了,闺女你带走,给我,我也养不起。"那中年人流着泪说:"大哥,她跟着我还是要死,跟着你,兴许能逃个活命,你行行好,只当是你的亲女儿。"说着,头也不回地走了。这样,何玉周用十二两馍换了个闺女。

马山口的卖人市和卖人行始于1935年,以后延续了十多年。当时,河南人民遭受水、旱、蝗、汤(汤恩伯)四大灾害,哀鸿遍地,民不聊生。马山口的各界要人,看马山口是个要道口子,卖儿卖女的很多,认为有利可图,便暗示一些走狗和流氓出面开设卖人行,并指定了经纪说合人。政府定出保安费、地方费等名目,要扣总佣金收入60%以上,还规定,卖人须经卖人行,不准私自买卖,违者,人钱没收。卖人行的经纪们乘机把人的身价提高,这就使买主拿出了大价钱,卖儿卖女的实际所得却很少。

马山口集出卖的有男有女，有十七八岁的大姑娘，还有吃奶的小婴儿。他们个个面黄肌瘦,眼大脸小,七、八岁的孩子饿得直不起头,都席地而坐,或席地而睡,哭声整天不断,隔条街还可听到,就是铁打的人也要落泪。卖人行的经纪有三个,一个叫张寿山,一个是开私娼的王金贵,还有一个叫张松波。这三个人,不仅身价由他们定,佣金由他们任意扣,就是卖主的吃喝也由他们包揽。卖孩子的登记挂号之后,就由他们安排食宿,孩子卖掉之后,他们除了扣佣金,还要扣食宿费,食宿费比市场的价格要高几倍。他们是吃人肉喝人血的豺狼。

张钫赈豫灾

刘梦成

解放前,历任军政要职的河南名人张钫,在河南几次灾荒之年,曾舍饭于开封,施赈于陕西,济灾于乡里。1942年,豫、皖特大旱灾,河南灾民辗转逃往陕西者不计其数。张目睹西安各街道屋檐下躺着大批灾民,问之,皆从河南来,其中以黄泛区最多。回寓后立即以河南旅陕同乡会会长和国民政府军事参议院代院长名义,发出请柬,邀请旅陕河南名人、巨商及陕西省重要官绅前往张宅,商讨赈灾事。张眼含热泪,说:"今河南大旱,大批灾民逃陕,白日沿街乞讨,夜晚露宿街头,饥寒交迫,情况凄惨。恻隐之心,人皆有之,如能使之免受饥寒,不仅灾民永记不忘,且我本人也对诸公感激不尽!"在座者均受感动,纷纷表示愿为赈灾尽力,并共同议定:"(一)成立豫灾救济会,负责募捐、筹粮及收容灾民,推选陕西红十字会会长路禾父主持救济会工作。(二)在西安北关红庙坡、东关岳王洞和韩森塞等地设立收容所。(三)暂借西安市各学校教室,供灾民住宿。(四)逃往陕西各县之灾民,由救济会与当地政府交涉就地安置。(五)登记灾民中有一技之长者,分别介绍工作。(六)与甘肃、陕西

两省政府联系，洽商移民问题。

救济会成立后，张钫先从自己周至县土地收入中调粮一万余斤，凡已登记之灾民，除每月发给玉米五十斤外，并发救济款少许，灾民中之中学生均安排上学，为了妥善安置黄泛区灾民，张钫亲自主持成立了"移民处"。灾民愿在甘、陕、青三省落户者，尽力安置。先后移居甘肃张掖、酒泉一带者约两万余人。为使死者有葬身之地，他又亲自出资在西安郊区购地四亩作为"义地"。

张钫先生的这种关心桑梓之举，令人难以忘怀，很多人呼之为河南"老家长"。

豫灾哭诉团

王瘦梅

抗战胜利后，劫后余生的河南人民，急待休养生息，而天灾人祸却又使他们陷入水深火热之中。1946年夏，河南省参议会组织代表团向南京政府陈述灾情，请予救济。我和李辛霖以记者身份随团前往。

代表团定名为"哭诉团"。团长是省参议会副议长张鸿烈，团员有省参议会秘书长李逸生，参议员王子恪、吕蕴儒、史梦莲、张豁然等十人。

"豫灾哭诉团"请愿，主要是要求南京政府发还征购欠款，减免田赋，拨款救灾。8月上旬到南京后,首先去见粮食部长徐勘。不料徐打官腔说:"困难,哪里不困难?都来找我,我有什么办法?几百万军队都来向我要军粮,已经够我为难了。你们的来意我知道了,先回去吧,以后再说。"徐勘的傲慢态度使我们感到气愤,我们当即把这一情况告诉了除《中央日报》以外的京沪各报记者。次日京沪各报都刊登了这一消息。《大公报》的标题是"粮食部长官气十足,河南灾情哭诉无门"。这对当时高唱"民主"的南京官场,颇有一些震动。徐勘连忙托人向"哭诉团"表示歉意。

为了扩大舆论影响,"哭诉团"又到上海,在张钫先生支持下,开展呼吁活动。8月中旬在浦东同乡会举行招待会,曾任行政院长、当时在沪当寓公的孔祥熙及上海各界名流出席了会议。孔祥熙说:"多年来,我任职中枢,负责行政院工作。目前河南沦为人间地狱,我虽已不在其位,但我是不能辞其咎的。我深感愧对河南!希望当局和社会各界共同携手,拯救河南灾黎于水深火热之中。"孔的话虽不多,但影响很大。次日上海各报均在显著地位刊载了这一消息。

当"哭诉团"再回到南京去粮食部见徐勘时,他抱歉地说:"所欠征购款,已全部汇还河南省田粮处。"田赋和军粮也得到了一定程度的减免。同年9月初"豫灾哭诉团"回豫后,宣告解散。

金元券在郑州

谷在田

1945年8月，抗日战争胜利后，广大群众欢天喜地返回家园，心想可该安居乐业了！谁知好景不长，蒋介石破坏"双十协定"，发动内战，征兵、派粮、要款，逼得人民喘不过气来。

1948年，市场物价又急骤上涨。据《管城纪年》等文献资料记载："郑州市场物价自8月19日政府实行币制改造、发行金元券大钞票额五十万元、一百万元之后，物价疯狂上涨：大星青布每匹(一百市尺)八千万元；长乐安蓝布每匹七千九百万元；胜利白布每匹四千五百万元；小麦每斗(十六市斤)三百五十万元；大米每斗七百二十万元；小米每斗四百二十万元；高粱每斗二百五十万元；通粉每袋(四十斤)一千五百万元；香油每斤一百万元；食盐每斤四十万元；棉花每斤一百五十万元……"。大商店、小货铺门前都贴有"早晚市价不同，目下一言为定"的小红纸条。

此后金元券很快贬值，几成废纸。小孩拿着万元票额的金元券叠蛤蟆当玩艺。郑州营门街有个叫白老合的小杂货铺，将五万元票额的金元券糊墙头，他说这比买彩纸还便宜。在维新街内，有一老太婆(人们都称胡老太太)拿出她积攒的半麻袋金元券,放在门外焚烧,口中咒骂:“金元券、金元券,金元券把咱穷人骗!”

赵倜珍宝

王文耕

1914—1922年，赵倜在河南，先当督军，后兼省长，统治长达八年。1922年赵被冯玉祥打垮，逃往上海租界当寓公。冯玉祥没收其家产，并在省城展览其中的珍奇物品。展品中最引人注目者，为其下属奉献的赤金尿壶、翡翠嘴象牙大烟枪及赤金镶宝石之烟膏盒。赵最宠之三姨太所穿的睡鞋，尤为稀奇，鞋面金丝沿边，镶有闪光耀眼的珍珠宝石。参观者纷纷议论曰：北洋政府达官权贵，奢华腐败实可恨，而治下属员之阿谀奉承亦可鄙！

燕子李三与洛阳

刘耀德

燕子李三，也有人称之为“飞贼”、“侠盗”，曾是全国闻名的人物。他虽不是洛阳人，但他走上窃盗之路，却是从洛阳开始的。

李三，原名李景华。因家庭贫寒，从小就跟叔父到沧州学艺。

1916 年，他跟着沧州一个卖艺的江湖班子来到洛阳。不久，班里丢了东西，李景华受到怀疑，被班主赶了出去。

李无故受辱，流浪洛阳街头，生活无着。这时他遇到几个与自己同病相怜的青少年，就结义为兄弟。按年龄排他是老三，众兄弟称他为李三。他们对富而不仁的大户恨之入骨，就干起偷盗这种营生了。因为李三学过轻功，身轻如燕，凭着他能头朝下，紧贴墙倒爬而上的“蝎子倒爬墙”本事，并随身带有一条特制的丝线绳子，绳上拴个铁爪，将绳子往树上或屋梁上一抛，他便能拉着绳子行走如飞，越墙入户。

1925 年，燕子李三在各地闯荡十年后又回洛阳。他看到他在洛阳时结识的朋友还是穷的叮当响，又看到洛阳的地方官和北京一个样，欺压百姓，无恶不作。他心里愤愤不平，准备盗窃

钱财打击富户，解救苦难的兄弟。

一天夜里，他一连盗了几家富户之后，最后盗到了吴佩孚的政务科长兼洛阳警备司令白坚武的私宅。他把白的姨太太捆在床上，用棉布塞住她的嘴，让她亲眼看着盗走她家金镯、玉环等贵重物品，临走时还留下“燕子李三”的名字。白坚武知道后大为恼火，急忙下令捉拿。便衣密探四处活动，闹得全城人心惶惶。他哪里知道，李三当天夜里便在朋友掩护下，到平汉线上闯荡江湖去了。

刘峙夫人杨庄丽卖官

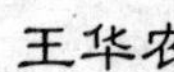

1930至1936年，刘峙任河南省政府主席。其老婆杨庄丽包揽大权，与省府秘书长张廷休暗中勾结，上下其手，贪赃枉法，贿赂公行。有小吏周鹏年者，闻安阳县长出缺，托人走杨庄丽门子，以两千大洋谋得此缺。周莅任后肆无忌惮，搜括民财，丑行百出，民怨沸腾。县民上告省府，县城学生游行，要求对周撤职查办。周被解至省城，在审讯中，自说：“千里做官，只为吃穿，何况我这个县长是拿大洋买来的！”张廷休得悉此情，告知杨庄丽。他们不得不明令将周撤职，不久又安排至一小县当看守所主任。周于解放初期，在开封经营旧书业，笔者与之相识。

省主席送“大王”

王华农

1933年左右，夏秋之交，大雨连日，黄河暴涨，开封城内积水不退，居民陷于堤决人危、大难临头的恐怖之中，一日数惊。某日，在小南门至卧龙街一带，群众吵吵嚷嚷，说发现了“大王”。那是一条金色小蛇，有老者指称是“栗大王”。善男信女皆信以为真，于是诚惶诚恐，焚香祈祷。旧传汴梁城中，有金龙四大王、朱大王、黄大王、白大王和栗大王五个大王庙。五大王均为宋代以来治河名臣，死后为朝廷所册封。省主席刘峙接到报告，亲往查看，果见街头熙熙攘攘，一张方桌上放一面盆，其中有条小蛇，昂首摆尾，悠然自得。这位“封疆”大吏想起朝廷册封的故事，不禁肃然起敬。传下命令，派省府几位官员，将“大王”毕恭毕敬护送到黄河岸边，放进奔腾咆哮的激流中。

事后不久，好事者发消息给上海《社会日报》，在“花边新闻”栏内刊出。刘峙得讯大怒，令警察局全部没收这天全市的《社会日报》。论者曰：“民国大员敬‘大王’，愚哉！省府主席忌舆论，悲夫！”

灵宝巨人邵金禄

王瘦梅

民国年间,灵宝县有个叫邵金禄的巨人,身高2.46米,走路手扶房檐,吃得多,力气大。因家贫,没上过学,也没出过门。一次全国运动会在南京举行,县师教师董某很想去观看,苦于无钱,忽然想起邵大个。他便给全运会筹委会写了封信,推荐邵去全运会收门票,并说明邵没出过门,如大会同意,他自愿陪同前往。出人意料,全运会同意聘请邵金禄到大会服务,还汇来路费和两张头等卧车票,请董某陪邵赴京。邵弯腰勉强进入卧车房间后,站着直不起腰,坐着抬不起头,睡着伸不开腿。到下关时,全运会派小车来接,他又坐不进去,引得行人大群围观。大会开始后,许多人为看巨人,不远千里而来。大会因而增加了收入,他也借这机会享了半月福。邵金禄从此出了名。

百杆烟枪祸东门

张学礼

修武县东门大街，辖正大街、南后街和北坑沿，曾有过一段繁荣兴旺的历史。自清道光二十年(1840)英国侵略军用双枪(洋枪、鸦片烟枪)打开中国的大门，鸦片流毒全国，修武县东门大街亦未能幸免。尤其是日伪统治时期推行毒化政策，更使烟毒泛滥成灾。仅据记忆所及，当时东门人口近五百，数街门是八十余个，论锅底是一百二十三户，然吸食毒品者即达八十五人(内女五人)，约近半数户都有吸毒者，按大门平均，一个街门一支枪，最多的一户竟有九支枪。全街道足够组成一个“烟枪连”，实在骇人听闻。

俗谚云：“任你家财万贯，架不住一杆雀嘴烟袋。”凡有枪人家，始则变卖家产，继则偷盗要饭，甚至卖儿卖女，最后血肉耗干，魂断灯台。东门大街昙花一现的繁荣景象，在烟毒腐蚀下迅速化为乌有。今略述数家，便可窥斑知豹。

董天锡，原有良田二百余亩，在东门大街路北主要市区有并排三处宅舍，四进院砖瓦房三十余座，近一百间；五间门面房经营钱庄，院内设天罗地网。董某可谓东门首富。但自染上吸毒恶习，一家四杆枪竞相吞云吐雾，不到二十年就把家产吸个精光，陷于断炊绝粒、无处立足的悲惨境地。

薛宣猷，民国初年，曾在省立法政学校读书，学业优异，也算是当时一个新型的小知识分子。家有田产百亩，宅舍一处，三进院砖瓦房七座二十多间，另有楼房三间，门面房三间，经营染房，有二男二女，生活富裕。20世纪20年代吸毒成瘾，并染及妻子和长子，仅十几年，全部家产被卖得一干二净，只得靠串房檐、乞讨餬口。一次瘾发难忍，狠心将年仅八岁的次女卖给远方一个比她大几十岁的商人做二房童养媳；不久儿子又被他卖去当壮丁，从此杳无音讯，他自己也潦倒而死。就这样，一个看来能有所作为的知识分子，竟昏昏庸庸、非人非鬼地虚度了一生，并葬送了自己的亲生子女。

陕州的乞丐群落

张　蕴

陕州为豫西重镇，是州衙、专区所在地，豫西诸县的政治、经济、文化中心，同时也是各种江湖行帮的集结地，其中之一就是乞丐群落，也有称之为“丐帮”的。丐帮头目古称“帮主”，俗称“化子头”。20世纪30年代初陕州南关的化子头叫马独彪，群众称他为马老四。他经常手提一个画有该帮推崇的一种类似“四不像”动物的木牌和一条皮鞭，在街上转游。若遇见从外地来的、或没拜见他就在街上乞讨的生乞丐或违犯帮规的本地叫化子，当即加以训斥，如不服从，便用皮鞭抽打。凡在他辖区内乞讨的，都得给他交“份钱”。

乞丐行规有几“不准’，如不准打架斗殴，不准流氓鬼混，不准讹诈要赖，不准偷窃等等。若居民被乞丐偷窃，只要买通马老四，他很快就给你追回原物，并对行窃的乞丐加以训斥或杖责，行话叫“打拐青”。

乞丐行尊奉的是“范丹祖师”。据说，春秋时代，孔子在周游列国途中，困于陈、蔡，师徒一行绝粮断炊。在生命攸关的时候，得知当地“化子头”范丹存有余粮。孔子便遣他的得意门生颜回前往借粮，渡过了难关。范丹慷慨仗义的行为受到乞丐行的敬崇，被尊为祖师。

乞丐行也兴拜师收徒，行话称老师为“当家的”。拜师手续比其他行帮简单，有两个同行引进即可。拜师仪程是拈香、磕头，先拜“范丹祖师”，再拜老师，然后将弄来的酒菜请老师和同行美吃一顿，以示隆重。

除一般的乞丐外，陕州城还有一些特殊的行乞者：

一、蛇丐。指以耍蛇为其索讨手段的。他们或以大蛇盘颈、绕臂，或以小蛇鼻入口出，惊险之极，耍罢即向商户、观众讨钱。

二、诗丐。在商户、民宅、墙垣上提笔书写吉祥诗词或谜语,静候施舍。

三、叫街丐。在闹市、要道或庙会上,不论春夏秋冬,皆上身赤裸,或用破麻袋片覆背,手拿半截砖或坐或跑,以砖击胸,其声状极惨,以此向过路人乞讨。

四、拉头丐。这种乞丐称“红教行”。他们手拿剃头刀,每到一家,先喊:“要饭的来啦! ”掌柜的若是给几个钱就过去了,若不给就用刀往自己头上割口子。一般人对这种乞丐望而生畏,怕他们真的在自己头上拉一刀,鲜血直流,有伤商号大雅,不如给几个零钱,让其走开了之。

五、拍牛胯骨板的,行话谓之“哈拉巴”。所拍牛胯骨板上系有几个铜铃,手握处系以红、绿绸条。他们不论走到谁家门前,都先摇晃几下骨板上的铜铃,以引起注意,然后唱顺口溜。顺口溜腔调类似打莲花落的,在起承转合处,以两手拍骨板。店主施舍后,他们即将骨板夹于胁下,再到别的商户乞讨。

六、响丐,指打莲花落的。他们以竹板为响器,边唱边打,挨门索讨。其唱词针对性强,行业特点明显,具有广泛的知识性、趣味性,很能招引观众。若遇店主不理睬给钱,他们也会编几句嘲讽甚至责骂的唱词。

赌王孙殿英

阎树梅

孙殿英，河南永城人。自幼顽劣成性，既长，浪迹江湖，出入赌窟，对赌博精心钻研，成为一名高手。从此以赌为业，开设赌局，骗人财物。

三百六十行，行行出状元。孙殿英娴熟赌博技能，什么麻将牌、天九牌等赌具，只要经他短时间把弄，就能察其纹理，辨其异同，不看牌面，能知牌名，绝少差错，他掷骰子也是想掷几点就掷几点。因此，得心应手，每赌必赢。直至他当了军官甚至高级将领时，在他的办公室中，还经常摆着各种赌具，一有闲空，就爱不释手地把玩。

孙的赌场趣事很多。1922 年，他在河南陆军第一混成团团长兼豫西镇守使丁香龄部下任机关枪连连长。一天，丁的儿子赌牌九，把其刚领下来的全团薪饷输了很多。丁闻讯大怒，要枪毙其子。于是，孙殿英替丁的儿子代赌，不但赢回所输之款，而且还有剩余。又一天，孙与同僚聚赌，一禹姓副官输光现款后，一气把新娶的老婆押上，结果输给了孙，又不服软，掉转屁股走开。孙也负气把新娘魏氏强拉而来，作为自己的老婆。

孙殿英对一些有权势者经常利用赌牌作为联络手段。1926 年，孙在济南与张宗昌的将领打牌，把赢来的钱分给张的副官及其下属军官。1930年春，孙在郑州与孙良诚、石友三、徐永昌打麻将，故意输给孙良诚四千多元。他常对朋友说："赌博这玩艺儿并不是什么坏事。我可以针对每个人的性情结交许多朋友，这些朋友能帮我很大忙，纵然有的不肯帮忙，也不至于说我的坏话。我是个粗人，没有真才实学，如果连这点办法也没有，我凭啥混呢？"

人们称孙殿英为"赌王"，真是名副其实。

孙殿英巧计控制庞炳勋

阎树梅

1941年初，孙殿英驻防豫北林县，归属国民党二十四集团军总司令庞炳勋，孙任副总司令兼新编第五军军长，庞的总部距孙的驻地八十余里。

庞炳勋认为孙殿英反复无常，胆大妄为，对孙以长者自居，颇为蔑视。孙察知庞的态度，不动声色，对庞大献殷勤，惟庞马首是瞻。因此，表面看来，二人关系甚是密切。这一期间，孙殿英每隔一段时间必去探望庞炳勋，并亲自为有鸦片烟瘾的庞熬制烟膏。庞抽了孙熬制的烟膏，赞不绝口地说："殿英老弟的膏子味香，劲足，过瘾，现在别的烟膏我都抽不上来了。"原来孙殿英用海洛英和鸦片混合起来熬制的烟膏，使庞炳勋的烟瘾越来越大，非抽孙熬的烟膏不能过瘾。因此，每隔一些日子，庞便对副官长说："殿英应该来了，你们打电话问问。"孙殿英就是用这一办法，使庞离不开自己，从而控制了庞，庞便对他无可奈何。

活捉孙殿英

吴斗泉

1947年4月5日，解放军第六纵队包围了汤阴城。尽管其时汤阴的城防很坚固，孙殿英部近万人拚死守城，但终经不起解放军的强大攻势。5月2日拂晓，孙见大势已去，慌忙率残部由地道潜入城东南的石庄，妄想逃跑。我军跟踪追击，将敌一网打尽，活捉了孙殿英。战斗结束的第二天早上，当我十八旅派人把孙押到司令部时，孙听说韦杰在纵队任副司令，便要求一见。因为在抗战时，韦任新一旅旅长，孙是国民党新五军军长(当时还未投降日本)，彼此打过几次交道。韦副司令在纵队司令部召见了他，按照惯例，先问他叫什么名字。他恭恭敬敬地站起来说："我叫孙殿英，孙麻子就是我。"在场的人听了都忍不住发笑。他说俘虏中还有几个旅长，叫我们去查问。接着他又说：蒋介石让他死守汤阴，等待国军援助，要打通平汉路等等。说着说

着他的烟瘾犯了，流鼻涕掉眼泪的，模样很难看。给他纸烟抽，他说抽这个不过瘾，要抽大烟。给了他一包生大烟，他急不可待地掰开放在嘴里嚼，立即精神起来，话也说得顺嘴了。他要求让他的两个随从副官交了武器后仍旧跟着他，韦副司令表示同意，最后又问他："我们早就打过交道，彼此是熟悉的，在这种局势下，你为什么不主动起义呢？"他摇头叹气地说："太晚了，太晚了，请原谅吧！"5月4日接到刘邓首长指示，纵队派人把孙殿英，连同他以前在清东陵盗墓时盗得的一把慈禧太后的宝剑和一个玉石西瓜，一起送到军区，不久他就病死狱中。

刘顾三立匾

张继章

刘顾三是河南内乡县的"土皇帝"，曾任国民党宛属十三县"剿匪"司令。1946年春，他专程跑到嵩县车村，召开有内乡、鲁山，镇平、淅川、卢氏、洛宁、伊阳(今汝阳)、嵩县、南召等九县参加的"反共联防"会议，妄图对抗迅猛发展的解放战争。会上议决，各县构筑中心寨，编练守护队，强化保甲制度，保公所增设户籍员，严格清查户口等。

刘顾三开完会议，回到内乡赤眉镇他的老

家后，自以为得计，治理郡县有方，喜不自禁，在大门口立了一匾，上书“刚正廉明”四字。当时就有人根据此事编了个顺口溜，针锋相对地揭露他凶恶霸道的老底，以表义愤。顺口溜曰：“刚不刚，腰里不离盒子枪；正不正，良田美女讹个净；廉不廉，只要现洋不要钱(纸币)；明不明，离了赤眉活不成。”

压岁钱与压路钱

陈雨门

《清嘉录》曾载：“长幼度岁，长者贻小儿以朱绳缀百钱，谓之压岁钱。”清末，一般贫苦者，仅为制钱十文至二十文，巨富大室百钱以至一贯不等。至认有干儿者，除夕要包素饺子十二枚连同压岁钱百文，百仔炮一盘，一并送至干儿家。长者在岁末给小辈压岁钱，各地习俗或大致相同，但另有所谓“压路钱”者，大概为开封一带昔日所特有之奇事。

笔者曾专访清代祥符县衙的吏胥头目后裔谈：每年除夕夜深，县署中之皂、壮、快三班联合集银百两至数百两，另备上等翅席一桌，送至开封城墙东南之“奎星楼”上，纹银以红绸包裹附红帖一纸，上书“压路”二字，置于席前，表示作为馈赠绿林某某山头豪杰之“年敬”。元旦午后，往视之,若菜、银全空,三班均举额称庆,预示一年平安,全县境内无大案发生矣。如一切照旧,无人光顾,须于灯节补之。倘酒菜倒落满地,纹银包裹被撕破,即钱少、礼薄之暗示,至灯节夜当再增两倍或三倍。届时如仍"撕"而不受,已表明关系恶化,县境一年内将无安静之可能了。

樊粹庭与豫剧

常香玉

樊粹庭先生是一位毕生献身于豫剧事业的艺术家。人虽故去，音容犹在。他毕业于河南大学，曾任河南省教育厅社会教育推广部主任。20世纪30年代，他领了一个班子在开封豫声剧院上演他编的新戏《涤耻血》和《麻疯女》，由陈素真主演。在旧社会，戏子是公认的“下九流”。樊父曾亲到开封，命他“改邪归正”，并说：“要领戏，就没有你这个爹，咱们脱离父子关系！”粹庭顶住了世俗偏见、家庭压力，这在当时的古都汴梁，是一般知识分子难以做到的。

1940年，我们两个班子又在西安碰上。他领的班子改名为狮吼剧团，仍以陈素真为台柱。

1942年，陈素真因故离去，狮吼剧团的营业状况一落千丈，其余一些名演员赵义庭、许树云等也纷纷辞职，粹庭惨淡经营的剧团一下子垮掉了。后来他对我谈到这种情景时说："1942年那一关，差一点要了我的命。"

可贵的是，粹庭没有躺倒。为了重振狮吼剧团，他把行李一卷，到铁道北一个破席棚戏院办科班。钱从哪里来呢?剧团停演，而且家当不多，把戏箱卖了吧，日后演出用什么?好在粹庭的社交活动很广，他常常花很多时间去找河南老乡借钱。借钱到期要还账，于是他又去拆东墙补西墙，难处实在不少。解放后粹庭对我说：在那个艰苦岁月，多亏有个好管家栾韫玉跟他一心一意，配合极好。

"名师出高徒"，粹庭很赞成这个观点。因此在培养演员方面，他很能礼贤下士。豫剧界他请了名老艺人张全贵，名演员常警惕等。正是由于在艺术事业上志同道合，他同常警惕两人才结为夫妇的。此外，他还多方设法，请了京剧名教师韩盛岫给学生教基本功。韩教的东西四愣四角，规规矩矩，后来狮吼剧团学生的演出，不但戏好，阵容整齐，而且个个动作规矩，身上顺溜、好看。粹庭在豫剧界请过很多人。除前边提到的教师外，还请过汤兰香、赵喜明，后来也约过我。粹庭知道我去教戏不会要钱，他就想了个"以工换工"的主意。让常警惕来陪我演小生，作为交换。粹庭不愧是位好作家，能深刻了解人的心理，知道我当时演出缺个小生，所以不是请汤兰香，就是请崔兰田同我合作。常警惕专攻小生，并且文武双全，我当场就应允了。但是很遗憾，不久我就怀孕，妊娠反应很厉害，只好停演，与警惕合作演出和给演员说戏的事都没有实现。粹庭又到处联系，终于给学生请了更有名望的艺术家来教戏，连京剧表演艺术家尚小云、徐碧云都请到了。后来他改编的《陆文龙》和《火焰山》都得到了京剧名家的传授，演出很受欢迎。他在培养人才和豫剧改革方面确实耗尽了心血。

樊粹庭和豫声戏剧学社

韩德英

《河南民报》于1935年1月24日发表了一条消息：

> "教育厅推广部同仁，最近发起组织一豫声戏剧学社，社址在中山市场内前永乐戏院旧址。昨天始改建为四方形中式戏楼，约本月底可竣工，并开锣排演旧戏云。"

当时教育厅推广部主任为樊粹庭，改建的剧场名豫声剧院，樊就是在这个剧院与演员陈素真等合作，开始了豫剧的革新事业。旧戏班不仅组织涣散，作风不正，而且有很浓厚的封建迷

信色彩。豫声剧院开业前,樊先将演员集中起来训练一段时间,革除陈规陋习,制定新的规章制度。比如旧时敬奉戏神庄王爷,是豫剧戏班的普遍现象,樊却规定在豫声剧院的后台不准敬奉庄王爷,他对演员说:“我就是庄王爷,以后大家有什么问题就找我,我来解决!”其次,改良旧戏,编创新戏。樊粹庭为了提高豫剧艺术,对上演的传统剧目从思想内容以至词句进行整理净化,去掉那些低级庸俗的东西。更重要的是他在两年多时间里编创了《凌云志》、《三拂袖》、《义烈风》、《柳绿云》、《霄壤恨》、《涤耻血》、《女贞花》等剧目,上演后产生了广泛的影响,得到舆论界的好评。如1936年《涤耻血》上演后,郑剑西曾发表《评豫声新剧〈涤耻血〉》,说它“如暮鼓晨钟发人深省,警顽立懦足挽颓风,收公理建设之效,补教育之不足”。同时,樊在舞台美术、表演艺术上也多有革新。陈素真在樊粹庭的指导下锐意进取,她扮演的角色,无论服装、化妆、表演、唱腔都使人耳目一新。1937年邹少和在《豫剧考略》中指出:“丙子春,教育当轴,以此剧足以辅助通俗教育,令职员樊郁(即樊粹庭)在省会设立豫声剧院,对戏剧之科白、词句、腔调、做工、化妆、行头,革除旧习,取法京剧,以为梆剧之模范。”

“闻香社”与“捧狗团”

陈宪章

20世纪30年代中期，开封流传着“闻香社”与“捧狗团”两个诨号。这诨号的来历，得从常香玉进开封唱戏说起。

早年豫剧界由于交通不便，互不交流，形成许多地区性流派，如开封一带的祥符调(开封古称祥符)、洛阳一带的豫西调、商丘一带的豫东调，以及豫北的怀庆梆子、南阳一带的南阳梆子和沙河流域的沙河调等。这些流派各据一方，互不往还，豫东调不到豫西去，豫西调也不到豫东来。后来陇海铁路的开封至洛阳段修通，豫东豫西的经济和文化交流大大活跃，以常香玉为代表的豫西调班子也因此从郑州东下，唱进了开封城。

那时候的戏班都是自负盈亏，自生自灭。经费全靠票房收入，谁有观众，谁就生存；谁没观众，谁就垮台。怎样争取观众呢?一是演新戏，出新招。二是得有好唱家。谁能做到这两点，它的剧场便车水马龙，门庭若市。当时在开封竞争最突出的有两家，一家是以陈素真为代表的祥符调，演出于豫声剧院，新戏是《涤耻血》、《柳绿云》等。一家是以常香玉为代表的豫西调，演出于醒豫舞台，新剧目是《西厢记》、《孟姜女》等。

两家八仙过海，争奇斗艳，一时间吸引了开封各阶层的观众，特别是知识界的观众。这些知识分子带头在观众中评头品足，议长论短，于是观众也形成两派，一派拥陈，一派拥常。观众对两个不同的流派发表不同的议论，由议论而辩论、争论，甚至势不两立。这类情况在当时的河南大学就发生过。老诗人苏金伞曾在一篇怀念友人的文章中有过具体的记述：

“常香玉十二岁到开封，震动了社会各个阶层，和陈素真并驾齐名。当时在社会上，尤其是在河南大学里分成两大派：一派尊陈抑常，一派尊常抑陈。旗鼓相当，谁也压不倒谁，……”

在这种情况下，尊陈派便暗暗给尊常派起了个诨号叫“闻香社”，因为常香玉的名字中有个“香”字。尊常派自然不甘示弱，也给尊陈派起了个诨号叫“捧狗团”，因为陈素真乳名“狗妮”。自从知识界传出这两个诨号以后，好奇的观众便纷纷响应，各自归口，于是“闻香社”和“捧狗团”很快就传遍了开封城。

“我就是小张女”

罗德扬

闻名中原的曲剧女演员张新芳，邓州市文曲乡庙沟村人，幼因家贫，被卖到张村乡斜庙村当童养媳。村人都叫她小张女,她的未婚夫名刘满仓。

她自幼爱好唱曲,每当婆母外出,就停了纺花车,起身载歌载舞。后来决心离家学戏,得到未婚夫的支持,进了一家高台曲(即曲剧的前身)戏班。由于用心专一,勤学苦练,不久即登台演出。初露头角就以唱腔浑厚圆亮,表情真挚感人,吸引了广大观众。从此小张女名声迅速传遍邓州一带,妇孺皆知。她所主演的《陈三两》一剧,解放后被拍成电影。一日,她回乡探亲,群众闻讯邀她为村民演场戏,她欣然应允,那晚就在第五高中礼堂演了一场《陈三两》。因为乡亲们十多年没有机会看她的戏,来的人特别多,室内院里挤满了人,看不见的人只要能听见一两句唱腔也是高兴的。还有一些老大娘看不到也听不见,第二天一早就到她下榻的地方,想等她出来时看看。张新芳一出门口,她们就围上前问这问那,十分亲昵。一个来得晚挤不到跟前的大娘,大声喊叫:“小张女在哪里,叫我也看看!”张一听见,立刻站到凳子上说:“我就是小张女,大娘你来看!”交谈了一会,老人们才含着喜悦的泪花,慢慢散去。

豫剧著名男旦李剑云

韩德英

豫剧虽然历史悠久，但知名的女演员出现较晚，早期的旦角多为男扮，并且出过不少著名的男旦演员，李剑云就是其中最有代表性的一个。李剑云，也写作“建云”，艺名“壮妞”，河南阳武(今原阳县)人，他生活在清光绪至民国十五年(1926)前后。小时在封丘县清河集天兴班学戏，出科后在封丘、阳武一带搭班演唱，“其歌喉之妙，无能出其右者”。民国初年在开封受到观众欢迎，《豫言》、《大梁日报》等发表文章，给予高度评价：“既有天授圆而且亮之嗓音，复能潜心研究剧中喜怒哀乐之情，曲尽高下抑扬之妙，口齿清晰，眉目传神，一举一动，莫不体贴入微，亦嗔亦喜，皆能丝丝入扣。”他扮演的许多角色个性鲜明，形象生动，给观众留下了深刻的印象。如他在《天仙录》中饰李皇后，“遭郭槐陷害时之凄楚，被逐讨乞、装疯时之离奇，遇包公昭雪后之痛快淋漓，皆能引人入胜。”《大梁日报》1917年曾发表评论说，若他“生于京沪而习皮簧，纵未必与梅(兰芳)、贾(璧云)齐名，自是一流人物。”1917年的《豫言》报还发表了一首《赠李郎剑云》的诗来赞美他的演技：

萧骚短鬓半成丝，闲向花前倒酒卮。
一曲清歌珠错落，东风又见小杨枝。

可惜他后因嗓音失调，不能演唱，贫病交加，中年而逝。但他在豫剧界的影响却是深远的。邹少和在《豫剧考略》中说李剑云除“天赋佳喉”外，“又复善制新腔，自李氏出，剧风为之一变，被伶界中感叹为空前绝后之才，嗣后嗓音失润，抑郁以卒，其音调已成《广陵散》矣。至今歌台舞榭，崇者尚众，犹称道弗衰也。”

豫剧何时进入戏院演唱

韩德英

豫剧，原名“河南梆子”，也有“高调”、“河南讴(靠山吼)”等称谓。它虽然早已在河南流行，但多是“跑高台”，没有固定的演出场所。辛亥革命后，河南梆子在省会开封的舞台上日益活跃，不仅在“高台”演唱频繁，而且开始进入茶社。“茶社”，也称茶园，实际上就是初期的戏园(院)。民国元年(1912)四月十三日，开封《强国公报·繁华小志》有这样一则报道：

“河南戏剧，旧分京调、梆腔(河北梆子，又名京梆)、本梆(河南梆子，即豫剧)三派。京调、梆腔均有剧场开演，惟本梆不过演出高台，向无在园开演卖座者。现有天兴班主具禀，援例纳捐，演剧卖座,已奉批准演三个月,再候核夺。"

由此可知,豫剧民国初年才在开封进入剧场。天兴班是清末民初的豫剧著名戏班,常在开封演唱。自此以后,豫剧"茶社"不断出现,繁盛一时。1915 年 6 月 26 日《河声日报》载有一篇《梆子戏之陆离观》,其中谈到:"梆子戏一名讴戏,最盛行于下等社会,自清季赛神风杀,仅流行于荒村鄙邑,间而省会。不料于去年秋季,偶有茶园之设 (通常汴垣省剧场皆名茶园——原注),遂连翻而起,几聚全省讴戏于省城,于是有普庆茶社、致祥茶社、天庆茶社、澄怀茶社等等。常在这些'茶社',演出的豫剧戏班是义成班、天兴班等,知名演员有李剑云、时倩云、李瑞云、阎彩云、点翠红、栾治国、羊羔、王春、张子林、赵金福、张子玉、部郁文等。演出的主要剧目有《打茶瓶》、《阴门阵》、《火焰驹》、《连营寨》、《刘连征东》、《送京娘》、《斩黄袍》、《黄鹤楼》等。"他们的演出深受广大观众的欢迎,京剧反倒受了冷落,使一些看不起河南地方戏的"文人雅士",也只有牢骚满腹,如此怨叹:"豫省僻处腹心,一切文明较沿海各省为逊,戏剧不发达势使然也。但年来皮簧戏竟不能开演,极粗鄙之越调,极俚俗之高调,极淫荡之大鼓书,乃得猖獗一时,诚戏剧界之耻也。"(见《大梁日报》1917 年 3 月 20 日)

曲剧《红楼梦》在河南首次演出

宋景昌

1943年,河南大学因抗战迁至潭头。该校女生为纪念“三八”妇女节,上演曲剧《红楼梦》。高年级学生王自明、宋景昌编剧,以宝黛爱情为主线,从“黛玉葬花”开始,至“宝钗出闺”、“宝玉哭灵”结束,共九幕。饰演者均为河大女生,主演为米庭伞(饰黛玉)。当时河大师生及附近村民前来观看,摩肩并迹,水泄不通。对演员的演唱,不时报以热烈的掌声。戏文颇能显示人物个性。如“葬花”中黛玉唱:“……红樱花绿芭蕉流光偷换,春来也春去也无影无踪。问黄鹂知消息春归何处?隔荼蘼经蔷薇飞过院东。”当年河大同学至今还有津津乐道观剧事者。

豫菜一绝——“套四宝”

王瘦梅

假若你有机会到开封宋都宾馆饮宴，可能会吃到独特的中州名菜——“套四宝”。

头几个菜上过之后，一个景德镇青花细瓷汤盆端到餐桌中心,头尾完整、热气腾腾的全鸭便在汤盆中间,浓醇香气扑鼻而来。吃完酥软的鸭肉以后,又露出一只清香的全鸡。鸡肉吃完，味道鲜美的全鸽又呈现出来。最后在全鸽的肚子里是一只体态完好、腹内填满海参、香菇、竹笋的鹌鹑。这道原汁原味、柔嫩滑润、色泽鲜亮的菜,乃豫菜里的一绝。绝就绝在集浓(鸭)香(鸡)

鲜(鸽)野(鹌鹑)四味于一体;绝就绝在四只层层相套的全禽,个个通体完整又皮酥肉烂,吃不出一根骨头来。

洛阳水席

刘梦成

洛阳水席虽不及川、粤菜肴驰名中外,但也受到许多佳宾的好评,其味道之醇美,令人屡吃而不厌。

水席,顾名思义,就是大部菜肴都离不了汤水,例如莲汤肉片、水漂肉丸、生氽丸子、木须汤、萝卜丝、燕菜等均带汤水。全席除八盘下酒菜外,有八大碗和八小碗,俗称"八八桌",也有称之为"宫席"者。

洛阳水席始于何时,传说不一。有说始于唐代武则天,惜史书无记载。从水席中的蜜汁红薯、粉条丸子(又名假海参)等所用原料乃常食之物看,似乎是民间传入宫廷,而后又由宫廷改进再流入民间的。

洛阳水席自清末以来,随年代之推移,多有改进,在保持传统的基础上,日臻精美。今日之洛阳水席,已自成一大菜系,以独特的风味,载入中国菜谱。

葛记坛肉焖饼

王　燕

郑州市大同路有一家老字号——葛记焖饼馆。20世纪20年代开业至今，半个多世纪以来，生意兴隆，闻者纷至。

坛子肉焖饼，原是清廷王府中下人的一种快餐。郑州坛子肉焖饼馆的开元老板是满族人，叫葛明惠。年轻时他曾在一家姓柯的王府当马夫。厨师怜惜府内当差的杂役人等，平时焖一坛子肉，烙些面饼放在那里，待他们侍奉王爷归来，厨师便很快将坛子肉和面饼煨烩成餐，让这些饥苦疲累的下人饱食一顿。葛明惠勤快好学，常到厨房帮忙，久而久之学会了一整套做焖饼的手艺。

辛亥革命后，王府败落。葛明惠辗转来到郑州，在当时一马路开了个“葛记坛子肉焖饼馆”。其子葛元祥主案经营。

葛聪明机敏，在王府传统工艺的基础上，大胆创新，精选五花三层大肉，切成五分见方，参配优质八大佐料，再加香腐乳等，大火煮开，文火慢炖，炭火煨煲，使肉肥而不腻，瘦而不丝，软香可口。一家小小的焖饼馆，常常人声鼎沸，门庭若市。

现在焖饼馆的经理是葛明惠的孙子。他除

继承传统坛子肉焖饼外，还制做鸡丝焖饼、肚丝焖饼、里脊焖饼、牛肉焖饼、蕃茄鸡蛋焖饼，以及炒饼、烩饼等。还根据顾客的特殊需要，预约定做海鲜、三鲜、素几样等各式风味的焖饼。素菜除配以绿豆芽外，更多地使用时令鲜菜，如茭白、蒜薹、韭黄、四季梅等等。饮汤是鸡、鸭、骨汤伴以海味，鲜美诱人。每份焖饼配给清汤一碗，爽口宜胃，营养丰富，经济实惠。

郭柳亭的熏鱼

杨啸天　蔡静远

郭柳亭，信阳人，年轻时向名师学得一手制作熏鱼的好手艺，因而得进入信阳道台衙门，充任朱寿镛的厨师。朱曾先后两任南汝光道(辖南阳府、汝宁府和光州)道尹，最喜吃熏鱼。郭制熏鱼很合他的口味，因而受到厚遇。

熏制是用烟火或香花等来熏食品，如熏鱼、熏肉、烤羊串等。郭柳亭为朱道台制作的熏鱼非同一般，其作法是：先选每条一二两重的鲫鱼若干斤，剖洗干净；再以白莲藕若干斤洗净，切成二分厚的圆片箍。而后用一带盖的砂罐，将藕片平铺于罐底，在藕片上密实地排上一层鲫鱼，鲫鱼上面撒些葱花、姜末、盐面、胡椒粉、五香粉等。接着仍以此法平排藕和鲫鱼，直至罐满(要留

2 厘米的空隙)。然后，将三分之二的芝麻油和三分之一的料酒、酱油，灌入罐内，以淹住罐内的东西为准，并用稠面糊将盖封闭。最后，用极弱的文火烧煮三昼夜，然后冷却。此时，罐内的鱼骨、鱼刺均已酥化，揭盖拌匀后密封，随时取食。此味道鲜美之熏鱼，实小菜中之佳品。

汝南县“豆干张”

杨啸天　孔明远

早在 20 世纪 30 年代初，汝南县的五香豆干就与朱仙镇的五香豆干齐负盛名，时人常说：“南汝宁(即汝南)，北朱仙，誉满中原香豆干。”

那时，汝南县的五香豆干大都是恒裕酱园生产的，该园在县城二龙里街，以经营酱菜为主，兼营糕点。汝南一带逢年过节，亲友来往，多以恒裕五香豆干为礼品。

五香豆干的腌制者，是一个普通的酱菜工人(张老板的本家侄儿)。他腌制的工序有三道：首先用细白布压制方形豆块，使之颜色雪白，平整光滑，厚薄均匀，这道工序叫“压制方形豆块”。接着将豆块放在加有酱色、花椒、丁香花蕾、八角、桂皮和茴香子的锅里煮，煮透后捞出晾干，这道工序叫“锅煮加味上色”。最后，将已经加味上色的豆块放在酱缸里浸渍(酱缸里是晒好的豆酱和面酱的混合物)，等到呈暗红色时捞出晒干，这道工序叫“酱缸浸渍，渐渐晒干”(有时反复两次)。经此三道工序制作出来的五香豆干独具一格，看起来，外面酱黑色，里面酱褐色。闻起来，有八角香味，有花椒味、辣味，有桂皮甜香味，有茴香子及丁香花蕾香味，还稍微透着一点豆腐香味和酱油香味。吃起来，咸中透甜，咸甜适度；硬中带软，软硬适宜。存起来，不干硬发裂，不生霉变质。切成薄细长片，加点小磨香油，吃上去同刚出缸晒成的一样。这位五香豆干的腌制者，人多只知其姓而不知其名，称之为“豆干张”。五十多年过去了，“豆干张”早已离开人世，但他的技艺留传了下来，如今汝南县的五香豆干仍如当年一样，遐迩驰名。

我为河南争光彩

郭　力

我原名郭增莲，出身于武术世家。1933年秋，作为河南武术选手之一，到南京参加第二届国术国考。先预赛，经过评选，我取得决赛权。

决赛分徒手、短兵器、长兵器三项。徒手赛开始，我刚立个门户，对方已攻到面前。我不得不退，扫眼一看，快到台边！忙闪身，躲过对方的泰山压顶，顺势一脚向她胁下踢去。对方躲避不及，蹲了下去。哨音一响，第一合结束，我胜，增加了勇气。第二回合，对方要反败为胜，凌厉进攻。我见她上身前倾过度，猛然使个扫堂腿，她猝不及防,立即跌倒,我又胜。按考试规则,三合两胜者,得满分。

短兵器比赛,我把生疮未愈的左手放在背后,一开始就连劈带砍,快速猛攻。对方只有招架,不及还手。第一合我获胜。第二回合,我仍先发制人,横扫对方腰、腿,并直刺其胸、腹,迫使她连连后退。也只比两合,得了满分。

最后比赛长兵器,非使左手不可。一抽签,和在开封比赛长器的老对手一对儿。我想那时能胜她,现在手上长疮,还行吗?她又知道我的弱点,要照疔疮戳一下,不疼死?管它!还是比吧!哨子响了,我不敢冒失。不知何故,对方也不动。我想:先下手为强,立即猛攻,里扎、外扎、金鸡乱点头……一个劲儿扎扎扎……对方封不住,扎不进,哨子一响,第一合,我胜。第二回合,她反攻不成,我又获胜,又是满分。

比赛结束,都以为完事,不料,突然通知,明天考学科。谁也没准备,以致不少人成绩差,或交白卷。我抱着试试的态度进考场,不想,头一门党义,题目是什,么是三民主义……很容易!第一个交卷。第二门国术源流,我因父亲是河南省国术馆编辑,桌子上常有达摩面壁、张三丰等武术资料。我平时像看历史小说一样,随意浏览,积累了一些知识。当下,根据题意,把记忆系统化一下,答了题。我是河南省立开封女子师范高年级优等生,也并不费难。第三门国文,也顺利交卷。

发布成绩,我党义100分、国术源流100分、国文98分。三项第一,总分第一。我的优异成绩,

轰动一时。人谓:郭增莲单手打擂,也夺得文武双状元,学科、术科均为第一。我为河南争了光。

武德高尚的贞绪和尚

德 虔

贞绪(1893—1955),俗姓李,名正印,号耀宗。原籍河南巩县鲁庄乡南村。因故乡大旱,于光绪十六年(1890)出家到巩县龙兴寺,拜纯智和尚为师,师赐法命贞绪。1920年随师到嵩山少林寺,拜著名武师恒林大和尚为师,苦学少林大小洪拳、通臂拳、六和拳、炮拳、春秋刀、龙泉剑、铲钩、双拐、叉捶等。他能用臀部击殿内大柱,柱震尘落;能把一个大钟鼻(约二百斤)一脚踢到一丈以外。贞绪不仅武技超群,而且武德高尚。他主张"能于我者学之,我能于人者授之"。四川江油县高僧海灯法师于1936年到少林寺求他指教,贞绪毫无保留地满足了他的要求。贞绪为了发扬少林武术,在他连续两次任少林寺监院期间,向寺僧传授武术,受业者数以千计。1944年3月日寇进入嵩山境内,推行"三光"政策。身为一寺之主的贞绪挺身而出,积极支持皮定钧领导的抗日支队,并令其弟子素祥、行香、行书、永富等参加该队。皮部离嵩,他又亲送他们出征,并谆谆嘱咐:"到了前线,要为国立功,兴我民族,扬

我少林。”贞绪编有《臀部制人法》、《打擂秘诀》、《点穴旨要》等书。

陈鑫著拳书

李仰斋

河南温县陈家沟人陈鑫(1849—1929),字品三,乃陈氏太极拳第十六代传人,清贡生,蒙馆为业,一生清贫。他幼承家学,拳功甚深,成年后继续刻苦研究太极拳,精妙入微。同时发愤为家传拳艺著书立说,伏案十年,写出《陈氏太极拳图说》,首次用文字总结了历代陈氏太极拳的练拳经验,对太极拳螺旋式的缠丝功,阐发详尽,并用《周易》之哲理解说拳术。其书图文并茂,学理渊深,堪称太极拳的经典著作,与王宗岳《太极拳论》、武禹襄《长拳十三势》及《十三势行动心解》、《四字秘诀》、《打手撒放》、孙禄堂《太极拳学》,共称太极拳几大名著,一直流传至今。

陈鑫还著有《太极拳引蒙入路》、《陈氏家乘》、《安愚轩诗文集》等书。他对太极拳理论影响甚大,颇具声望,堪称河南近代文化名流之一。

马探花二女高中

郭　力

20世纪30年代,中原多射手。而时间最早,射艺最精者,莫过于马仁甫先生。先生为河南郾城人,幼习武,精骑射。清光绪二十四年(1898)殿试,得中武探花。后迁居开封,为骑射会弓箭总教习。

马有瑞莲、瑞兰二女,均为射箭高手。1934年春,余父郭绍芳备厚礼,率余及弟寿山、妹增梅前往学射。当时探花已六十岁左右,二目有神,身材挺拔,颇健壮。瑞莲、瑞兰风华正茂,姿容秀丽,文静似无缚鸡之力;然一停针住线,挽袖拉弓,皆弓开满月。瑞莲且能于百步开外,背对点燃之香头儿,弯弓一射,香头儿即灭。余惊为奇技,深羡之。

1935年9月,开封举行第六届全国运动会河南省预选赛,马氏姐妹前往参加。瑞莲获女子射中、射远两个冠军,瑞兰获射中、射远双亚军。

同年金秋10月,马氏姐妹双双为河南射箭选手,到上海参加全国运动会。红袖高卷,挽弓搭箭,施展所学,又名列前茅。瑞兰获女子射中第二名,瑞莲获第三名。射远比赛结果,瑞莲第二,瑞兰第三。马氏姐妹,可谓善承父志。

寇运兴偕女赛射

郭　力

1935年9月，秋风送爽，开封举行第六届全国运动会河南省预选赛。18日上午，英雄齐集河南体育场，各显身手。其中，有父女二人背弓挎箭，紧腰挽袖，要为河南争光。

这父女，父名寇运兴，字振华，河南许昌人。自幼习武，且好步、骑射。家中，墙上挂弓，壶中插箭，日以射箭为乐，并教子女学射。

寇运兴长女凤兰，长辫乌发，淳朴端庄，早晚习射。其妹凤仙梳双辫，天真活泼，往来奔跑为之拾箭。

当时，运兴父女进入试场。比赛结果，运兴获男子射远第一名。凤兰这个农村姑娘，初出茅庐，女子射中、射远，均获第三名。

同年10月，运兴父女同为河南射箭选手，到上海参加全国运动会。凤兰临场不惧，弓开月圆，奋力一射，获女子射远冠军。运兴获男子射远第六名。

翌年，运兴以精于梅花拳，善使关刀，参加第十一届奥运会。在柏林大显身手，为国争光。

平乐郭氏正骨术

刘梦成

洛阳平乐郭氏以正骨著称，据县志记载，其医术得自明末清初骨伤科名医薛衣道人祝尧民之秘传，至今已家传六代。从第一代传人郭祥泰始，即以济世救人，闻名四方。郭氏第三代传人郭贯田(字寸耕)曾为河南府(洛阳)知府文悌医愈其子，文以两千金为酬，郭坚辞不受。光绪二十六年(1900)，八国联军入侵北京，慈禧与光绪逃往西安，途中有位贝勒坠马伤骨，贯田应请为之治愈。贝勒有意提携，劝其弃医为官，他不从，显示出一不为财，二不为官的高尚医德。贯田之次子聘三,是郭氏第四代传人。自幼从父习医,三十岁就很有名气。他娴熟骨骼解剖,其医术特色是“为诊且不用麻沸药,不用针、刀、刺、割等”,而是“揉之、捏之、筑之、拳击之、攀之、捞之、俯仰左右之……”河南各地,远至北京、上海、南京前来求医者甚多,郭应接不暇。郑州有美国医士之子坠马重伤,照西医办法开刀锯膝以下部位,经郭聘三诊治弥月而起立如常,美医士赞叹说:“中国绝技,西法不敢望其项背。”

郭氏第五代传人为郭景星(字灿若)和其妻高云峰。灿若行医在民国年间,曾为当时之军政要人卫立煌、胡宗南、赵寿山、孔从周等医病,国民政府动员他到南京讲学,他婉言谢绝。1930年,灿若患鼓症,其子维淮未及一岁,灿若恐郭氏医术失传,便毅然冲破郭氏传男不传女的封建旧习,将医术传给高云峰。高本家庭妇女,无文化,经灿若耐心传授,掌握了郭氏正骨精髓。

1948年洛阳解放时,为保护祖国珍贵医学遗产,陈赓司令员在平乐郭家门口贴出保护布告。1950年灿若在上海病逝,郭氏正骨重任落在高云峰肩上。她无私地把郭氏秘方“展筋丹”、“接骨丹”公布于世,得到政府和人民的称赞,荣任全国人大代表,受到毛主席、周总理的亲切接见。十年浩劫后其子维淮继承祖传医术,担任洛阳正骨医院院长,参照现代科学,使其家传的医术有了进一步提高。

汴梁名医陈松坪

毛光骅

清末至民国时期，开封有四大名医，即陈松坪、石倚梅、王如恂、一指禅。尤为突出者是陈松坪。

陈松坪(1864—1938)，回族，广西桂林人。幼读儒书，兼习医理，二十一岁中举，游宦南京、扬州等地。1886年结识清统领左宝贵，被聘为幕宾，后因功授道台官衔，1896年分发至开封候补。可惜命运不济，始终没有得到实职。为生活之计，开始行医。因医术精湛，疗效显著，数年之间，医名远扬。光绪三十年至宣统三年(1904—1911)期间的《河南官报》、《河南简报》等，常有患者感谢陈的文章、告白。北伐战争时，受聘于开封中医传习所任教，1927年南京政府所属中央国医馆馆长焦易堂，聘他为国医馆理事、副馆长兼上海国医馆顾问。曾创办全国性刊物《国医月刊》，帮助河南国医分馆主编《河南国医月刊》。抗日战争爆发后，辞去在南京所任之职，重返开封。1938年6月，日军侵占开封，搬迁不及，避居东大寺内，著述与财产被焚掠一空，悲愤之极，一病不起，终年七十四岁。

陈氏医学见识深远，立论出方颇有独到之

处。从《河南国医月刊》所载陈著《伤寒原因治疗法》、《白喉初起捷治要言》等文中，可以看出他在20世纪30年代中期即注重借鉴西医理论，曾自称为“中西医士陈松坪”。

净严法师

王华农

净严法师，俗名陈三胜，河南唐河县人，生于清光绪十六年(1890)。民国初年，皈衣佛门，在北京得识太虚大师，以智慧卓越，颖悟过人，深为大师赏识。1922年入太虚大师创办之武昌佛学院，毕业后即任该校讲师。1925年响应太虚大师号召，回开封组织河南佛学社。1927年赴江苏常熟法界学院担任教师，编辑佛教刊物《晨钟》月刊。1935年又回开封，任铁塔寺主持多年，并以铁塔寺为院址，创办河南佛学院，自任院长，发展僧伽教育。新中国成立后，历任中国佛教协会一、二、三、四届理事，曾任河南佛教协会会长、河南省政协委员。

1984年，笔者受省政协文史办委托，对法师进行采访，接触愈久，愈感其学识渊博、道基深厚，曾撰成《净严法师事略》一文，发表于《河南文史资料》第十四辑。法师虽年事已高，仍神智清明，谈吐自如，惟双腿乏力，行动须人扶持。据

其弟子谈其长寿之道有三：一曰起居定时，饮食适度。每日六时许起床，晚十一时就寝，中午睡两小时午觉。天天如此，雷打不动。除一日三餐外，从来不吃零食，如肠胃稍感不适，仅食鲜果少许。二曰秉性淡泊恬静。胸无纤尘，心少牵挂，数十年从未见他发怒过。三日遇事乐观，没有积郁。常说："人到老年，机能衰退，疾病在所难免。病到身上，自然要治，但不应使之成为精神负担。"坦荡如此，自能延年益寿。

1990年，法师逝世，享年一百岁。

神医张翰屏

许恕秀

南阳张翰屏先生字骏声，光绪甲午举人，与杞县步林屋友善。仲春张到步家，适逢步子患疟疾。诊断后，问有高丽参乎?步本为大家，家中存参足一斤。张令取之合八珍汤四帖，一日饮尽，果愈。步问："治疟者皆主消散，君以峻补得愈，何也?"张答："初患疟者，固宜消散。吾诊此脉，气息仅属，问状则曰：'疟仅再发'，是必患秋疟。元气已伤，此为劳复，非峻补且不救，况消散乎!"

杞县举人蒋恢吾，病股十年不起，请张先生诊已说："失治已久，不能全愈，愈其八九可也。"开方为硫磺半斤，阳起石六两，紫石英、白石英、赤石脂、白石脂各四两，炼为丹砂。服一剂而步行如常，惟不能屈膝。

袁世凯居洹上时，其兄清泉有疾，闻张名急迎之来诊。开药方不到四五味，而有黄芪二斤。袁子寒云疑误，持方问之。张举笔改为三十二两，仍为二斤。寒云私改为半斤。明日复诊，张起欲去说："不信医者不治，吾用黄芪二斤，病者只服八两，迁延贻误，谁任其咎！"寒云谢过请复开方。张说："无庸，即按前方服三帖全愈矣。"既而果然。后询原因，张说："虚弱老病，非黄芪不能补，理甚易明，惟分量须有把握耳。"后张归隐，不知所终。

针灸名医侯保贤

毛光骅

侯保贤(1900—1971)，字德辅，开封市人。祖辈以拾粪熬盐土为生计，家境非常贫穷。有妹四人，三人皆因患病无钱就医而亡，因而立志习医。开始跟随外祖公学骨伤科，十五岁出师，苦于有术施医，无钱舍药，遂又专攻针灸。开封城内东北坡一带，居住着众多的熬盐土贫民。一天，一人忽肚子疼痛，俗称"发痧"(类急性肠胃炎)，无钱求医。侯便在熬盐土灶火旁铺一苇席，让病人躺在上面，给扎针、放血，针停片刻，腹痛顿止。这样在拾粪熬盐土的贫民中盛传“侯保贤会扎针，不花钱能治病”，求医者与日俱增。数年之间，侯家自成诊所，每日求医者少则数十，多则上百。凡给穷苦人扎针，分文不取。侯的医术来自民间，在学术上他从不固执己见，喜博采众长。一天，曹门外来了一位拉骆驼的游方郎中，治闪腰岔气很有奇效。他即往求教，连学三日，终于掌握其方法，用于临床，对症者多一次施针即愈。侯氏对医学名流，亦不自馁，尝与全国著名医家施今墨先生针药相辅，配合治疗一中风偏瘫者，效果显著，深得施老称赞。

侯保贤刻苦钻研，积四十年的经验，继承经典，酷喜针灸，勇于创新，尤重“针灸穴性功能”的研究，提出“穴之相互佐使，犹如用药，配伍相符，疗效益彰，若不论穴性，则犹如癫马狂奔，不能疗效，且能危疾”的学术观点。撰写出《马丹阳十二穴发挥》、《配穴精义》、《穴性括要》、《针灸医案》等专著。在临床上，对脱骨疽(脉管炎)、先天性解颅症（脑积水)、呃逆及术后肠胀气等治疗，均有独到之处。

药都禹州

貊光华

禹州市以中药市场驰名中外，人多称之为

"中药圣地"、"药都"。

禹州是古代中医、药材发祥之地。神医扁鹊、医圣张仲景、药王孙思邈都曾在禹州附近行医、采药。明太祖朱元璋于洪武元年(1368)诏令全国药商在禹州集会，从此禹州成为全国药材集散地，打破了地区界限，沟通了各地中药市场。到清乾隆年间，禹州中药业发展到鼎盛时期，州城药商有四百多家，前来进行药材交易的不仅有全国各地药商，还有西洋、南洋、高丽等国外药商。从清末到1949年全国解放，由于帝国主义侵略，军阀混战，加上国民党实行废弃中医、中药政策，禹州中药业逐渐走向衰落。解放前夕，药商减至一百三十四户，从业人员一千三百九十五人。

解放后，禹州作为我国重要的中药集散地，又逐渐有所恢复和发展。

珍奇的密县香鼠

司绍晞

密县西南嵩山余脉多深沟大谷，林木茂密。在丛林深谷中，有一种极珍贵稀少的香鼠，能发出浓烈的香味。农民捕获后，贩与富贵人家，有女出嫁时，将干枯之香鼠，置于箱笼衣物之中，其香历年不衰，有达十数载之久者。余对此颇不相信，以为虚妄之言。近读清嘉庆二十二年(1817)《密县志》有云："密县西山中多香鼠，较凡鼠颇小，死有异香，盖山中之鼠，多食香草，亦如獐之有香脐也。山中人得则置箧笥中，经年香气不散。"又《中州杂俎》：香鼠"产开蜴山周围三里内，樵牧者偶遇之，不能多得，经行人之路，则抱蒿茎棘枝而死”；“密县雪霁山出香鼠，长寸余，齿须毕具，香类獐，过大路则死。”可见香鼠确实为此地的奇异珍兽。只是近年来，未闻有人见到，恐已绝迹，殊堪惋惜。

信阳毛尖茶

昌纪学

“淮南茶，信阳第一”。这是苏东坡品评信阳毛尖后的赞誉。此茶盛产于信阳县西南部的四座云山之上。那里远离闹市，景色秀美，层峦叠嶂，云雾缭绕，空气湿润，光照适宜，具备适合茶叶生长的自然条件和环境，素有“高山云雾出好茶”之说。

信阳毛尖茶的显著特点是茶条匀直，锋尖细秀，白毫显露，色泽银绿。泡之，汤清叶绿，香馨浓郁；饮之，满口醇爽，回甘生津，实属风格独特的上乘绿茶。

信阳毛尖茶，历史悠久，一千多年以前，陆羽所著《茶经》就有详细记载。唐代时，信阳董家河车云山毛尖茶为宫廷贡品。1915 年在巴拿马万国博览会上，信阳毛尖荣获金质奖章。新中国成立后，信阳茶的开发和生产得到了长足发展，连续数次被评为全国十大名茶和省优、部优产品。

鲁迅夸说灵宝枣

刘耀德

人们常说:"灵宝有三宝:棉花、苹果和大枣。"特别是灵宝的苹果和枣,不仅在国内享有盛名,在国际上声誉也极高。灵宝的大枣,香甜肉厚,且能治不少疾病。在灵宝大王乡一带,人们把枣树视作救命树、摇钱树。

曹靖华与鲁迅先生的友谊极深。20 世纪 30 年代,鲁迅身体欠佳,需要吃些药物和调剂饮食。曹知道后,常常寄些灵宝红枣给鲁迅。鲁迅每次收到后,就给曹写封信,并对灵宝红枣夸耀一番。

1935 年 1 月 26 日,鲁迅接到曹靖华寄来的枣后,给曹写信说:"红枣早取来,煮粥,做糕,已经吃得不少了,还分给舍弟。南边也有红枣买,不知是从那里运来的,但肉很薄,没有兄寄给我的好。"在 1936 年 8 月 27 日的信里又写道:"红枣极佳,为南中所无法购得。"

历史名酒“双头黄”

郭 钧口述 尚庆恩 整理

“双头黄”是豫北地区名酒，产于汤阴县宜沟镇。它以小米、黄米、麦曲、冰糖为主要原料，经过独特的工艺酿制而成。酒呈橘黄色，透明，无悬浮物，具有芳香浓郁、醇厚柔绵、甘甜爽口等优点及和胃、生津、健脾、消食、舒筋活血、增进健康之功能。长期以来，它以色鲜味美、营养丰富，低度(30°)数、多功能而赢得人们的赞誉。

“双头黄”是我祖父郭富与“大生堂”药店的中医张老时合作研制成功的，距今已有一百二十余年的历史。我家是宜沟镇上的老户，从清咸丰年间就在南门外路东开设了一家名为“福兴源”的酒店，酒店的后面是酿酒作坊，自酿自销。酿造的小米白酒纯正浓郁，芳香四溢，在镇上颇有名气。曾祖父去世后，祖父与张老时合作，酿制出一种单黄酒。这是一种药用酒，投放市场后虽受欢迎，但销量不大，因为只有病人服药时才用。祖父又进一步琢磨，如果能研制出一种既可使常人喜欢饮用，又具有一定药用价值的酒来，销路一定很好。他与张老先生继续合作，不断改进原材料的配方和工艺流程。经过七八年的艰苦探索，终获成功。1865年，“双头黄”正式诞生了。

1901年10月，清光绪帝饮此酒后，曾挥毫题诗，赞曰："郏南黄玉浆，色宝味美香，佳酒酿独特，朕口尝无双。"并连口称赞："这真是供贤达之士馔赏的名酒啊！"到20世纪30年代，酿酒作坊占有房屋四十余间，四十多名伙计，月产量达一吨有余，产品远销日本。1972年中日邦交正常化，日本首相田中角荣来我国访问时，还特向周恩来总理问及"双头黄"的有关情况。

登封诗村的贡石榴贡梨

刘耀德

河南登封县北二十五华里处有个诗村，所产石榴和梨不仅个大汁多，且能久放不坏，食之清香爽口。经乾隆帝游览中岳嵩山时品尝之后，其身价更高，人们称之为贡石榴、贡梨。

据传说，乾隆离去后，人们便把那结了乾隆所吃果子的石榴树和梨树精心看管起来，四周用青石雕花的栏杆围上，按时培土、施肥、浇水。每当开花挂果时节，看管人员只留下枝稠叶茂、位置适中的两朵花，其余的全部掐掉。这两朵石榴花和梨花坐果后，长到一定时期，看管人员更得时时小心，防其坠落。成熟后，石榴呈青红色，梨呈澄黄，外型都很美。这石榴和梨一个由登封知县派人送到北京，让皇帝品尝，另一个留在中岳庙内,作为中岳庙会时的供品。

西峡琥珀

马丙堂

琥珀又名育沛、江珠、兽魄。据古书记载,古松经炎阳照射,渗出松脂,松脂熔化下滴,成了松脂球。松脂球散发出香味,引来许多昆虫,这些昆虫被松脂球粘住,而松脂球又因地壳变化,埋入地下,经过千万年变化,就形成琥珀。故有“千年茯苓,万年琥珀”之说。

琥珀是名贵的中药,古人称为“神药”。在西峡琥珀产地,流传着这样一个故事:有一位妇女,产后暴死。下葬时,恰遇药王孙思邈路过。孙看见棺材缝中渗出鲜血,滴在地上,断定此人仍有生机。乃令其家人先以“红花”烟熏死者鼻孔,复以“神药”琥珀急救。片时,死者苏醒。所以历来相传琥珀能起死回生。

西峡县地处伏牛山南麓,有“琥珀之乡”的美称。1954 年前,西峡群众以土法开采,每年只能挖出五千公斤左右。琥珀常是一窝一窝的,故称为“窝子矿”。大窝可挖到几千公斤,小窝也可以挖几公斤。五里桥乡曹岗村五位药农,在种植中草药时,挖出一大窝琥珀,重三千三百七十四公斤,价值二十四万多元。

西峡县的琥珀，颜色紫红，半透明，有光泽，呈方形和菱形结晶块，大都含有昆虫花纹，松香味甚浓。经国家医药部门鉴定，系上等特优药用琥珀。

宜阳耿沟大杏

张修卿

宜阳耿沟大杏，又名大鸡蛋杏，产于该县石陵乡的耿沟村，故名。

耿沟大杏，具有个大、味鲜(酸、甜、香三味俱全)、色艳(红黄各半、黄中透红)、汁多肉厚、爽脆香甜、食之舒口、纯净无渣等特点。食后生津健胃，增进食欲，对孕妇、老人和大病初愈、胃口欠佳者大有裨益。成熟时，核肉分离，摇之有声；落地成两半，果汁不失。放置室内，满屋清香。

耿沟村农民培植杏树已有三百多年历史。据调查，全村有杏树二千株，年产杏达十二万五千公斤。

淇县无核枣

葛　毅

无核枣(软核蜜枣)，产于淇县山丘地区。据淇县县志记载，相传，一天纣王到城西山区巡游，见一异样枣，食之脆甜爽口，大悦。便说："只是枣中有核，美中不足，无核多好!"从此，枣核变得既小又软，可与果肉同食。据史料记载，无核枣已有近三千年的历史。周朝时为贡品，后来濒于绝种，20世纪50年代后逐步恢复和发展。现有树二万四千八百五十株。

无核枣皮薄肉厚，果顶稍凹，果实红白色，肉细味甜，总含糖量高。鲜吃甜脆，有异香；晒干食之，甜味醇厚；掰开可见缕缕金丝。果核纺锤形，已退化变软，开裂，可随果肉一块食用。其树茁壮，树冠圆满，树枝半开张，多呈自然圆头形。树高7—10米，枝下高1—1.4米，冠幅5—6米。新枝棕褐色，托叶刺退化消失，萌芽力和枝力均强，叶片小，为卵状披针形。这种枣树分布在太行山东麓的丘陵地带淇县境内，分布范围约五十华里长，九华里宽，从北到南呈带状。

后记

《新编文史笔记·中州轶闻》和读者见面了。本书的出版,旨在拾遗补缺,积累史料,弘扬中华民族文化,为社会主义精神文明建设服务。一年来我们以省文史研究馆馆员为主,整理了老馆员的遗稿,并根据亲见、亲闻、亲历以及有史料价值而鲜为人知的政坛风云、名人轶事、文化教育、社会生活、民情风俗等历史资料,力撰成文,作为本书的主要内容。中原大地在祖国文化领域占有重要地位,为使本书的内容能反映中原文化的特色,我们在全省九个主要城市和河南大学、郑州大学,邀请了近百位年长学者、史学专家、文史工作者进行座谈,得到他们的支持,积极为本书撰稿,从1990年4月至1991年4月,共收到来稿七百三十余篇,四十万字,为本书的出版打下了基础。于此,我们向这些专家、学者以及支持我们工作的省、市有关部门,表示衷心的感谢!

本书的特点是：文章短小、题材广泛、史料真实、可读性强。短，是笔记体裁特征之一，我们从组稿、编辑到定稿，都贯穿着一个“短”字，每篇文章平均不到五百字，这就相对增加了题目的容量和文章的广泛性。我们尤其注重了史料的真实性，如《魏巍少年时代的三个第一》一文，我们的编审直接向魏巍打电话求证，答曰：确有其事。有的文章尽管有一定的可读性，但其真实性有疑，我们就割舍不用。史料的时限，我们注重了清末民初阶段，能够了解这段历史的老人已经不多了。经我们发掘“抢救”出来，对补充这段历史的资料也是一个贡献。

由于我们水平有限，本书难免有不足之处，恳请广大读者不吝赐教。

我们请河南省政协副主席、河南大学老教授、河南省文史研究馆名誉馆长任访秋担任本书的顾问，文史研究馆馆长魏玉林任主编，馆员、老报人王华农，刘家骥教授任副主编。参加本书编辑工作的还有刘梦成、王瘦梅、林从龙、司绍晞、王质彬、信应举、张盛智、杨松如、陈晶彧、赵国林。

编　者